职业院校班主任岗位职责与专业化发展

ZHIYE YUANXIAO BANZHUREN
GANGWEI ZHIZE YU ZHUANYEHUA FAZHAN

吴芳 苏小明 罗琳燕 著

中国文联出版社

图书在版编目（CIP）数据

职业院校班主任岗位职责与专业化发展 / 吴芳，苏
小明，罗琳燕著. -- 北京 : 中国文联出版社，2023.12
ISBN 978-7-5190-5426-7

Ⅰ. ①职… Ⅱ. ①吴… ②苏… ③罗… Ⅲ. ①高等职
业教育－班主任工作－研究 Ⅳ. ①G718.5

中国国家版本馆CIP数据核字(2023)第257429号

著　　者　　吴芳　苏小明　罗琳燕
责任编辑　　周欣
责任校对　　秀点校对
装帧设计　　研杰星空

出版发行　　中国文联出版社有限公司
社　　址　　北京市朝阳区农展馆南里10号　　邮编　100125
电　　话　　010-85923025（发行部）　　010-85923091（总编室）
经　　销　　全国新华书店等
印　　刷　　明玺印务（廊坊）有限公司

开　　本　　710毫米×1000毫米　　1/16
印　　张　　10.75
字　　数　　180千字
版　　次　　2023年12月第1版第1次印刷
定　　价　　50.00元

前　言

职业院校班主任作为学生学习和生活的管理者和指导者，承担着重要的工作职责。随着职业教育的不断发展和变革，职业院校班主任的工作也面临着新的挑战和机遇，需要不断提升其职业能力和专业化水平，以更好地适应职业教育的需求。因此，深入研究职业院校班主任的岗位职责和专业化发展，对于加强职业院校班主任队伍建设和提高教育教学质量具有重要意义。

本论文旨在探讨职业院校班主任的岗位职责及其专业化发展。首先，我们将对职业院校班主任的工作职责进行分析，包括学生管理、教学管理、班级管理等方面。其次，我们将探讨职业院校班主任应具备的职业能力特点，包括扎实的学科知识、教育理论知识、行业发展趋势了解、职业规划能力、就业指导能力等。最后，我们将提出促进职业院校班主任专业化发展的有效路径和建议，包括完善制度保障体系、建立职业生涯规划体系、促进职业认同、强化学习培训体系等。

目　录

第一章 职业院校班主任工作岗位职责与职业能力概述

职业院校班主任的工作任务非常繁重，需要承担多项工作职责。为了更有效地分析职业院校班主任的工作岗位职责，本章将从工作岗位职责的分析过程和分析结果进行阐述。通过这些内容，我们可以更全面地了解职业院校班主任的职责范围，具体包括哪些方面的工作内容。同时，也可以更好地认识职业院校班主任的角色和职责，为职业院校班主任的工作提供指导和帮助。

第一节 职业院校班主任工作岗位职责的分析过程

对职业院校班主任的职业岗位进行分析，首先要搜集整理职业院校颁布的班主任基本工作岗位职责的文字材料，然后根据质性研究方法对搜集的文字材料进行编码分析，严格按照类属分析的方法与步骤进行整理分析。

一、职业院校班主任工作岗位职责文本材料的搜集

对职业院校班主任工作岗位职责进行有效分析的前提是掌握足够多的职业院校班主任岗位职责书，因此，只有搜集到足够的职业院校班主任工作岗位职责文本资料，才能分析得出职业院校班主任所应承担的岗位职责有哪些。本研究通过两种途径搜集职业院校班主任的岗位职责文本资料：一种是直接在各职业院校网站查找公开发布的班主任工作岗位职责书；另一种是通过"熟人关系"直接让其帮忙找寻岗位职责书。

二、职业院校班主任工作岗位职责文本材料的整理和分析

搜集到数量较为充足的职业院校班主任工作岗位职责的文本资料之后，就开始对回收到的文本资料进行整理和分析。笔者采用"类属分析"的方法对职业院校班主任岗位职责文本资料进行分析，类属分析是质性研究中对文本资料进行深入分析的常用方法，通过类属分析能够找到文本资料中的主题，在主题之间建立必要的关系，为获得最终的研究结果得出初步结论。

首先，反复阅读职业院校班主任工作岗位职责文本资料。在阅读职业院校班主任工作岗位职责文本资料时，既要沉浸其中，也要注意能够从资料中跳出来，寻找资料之间的意义和联系。其次，对职业院校班主任工作岗位职责文本资料进行登录。阅读完资料后，正式开始对文本资料进行具有操作意义上的编码，通过编码对原始文本资料进行联系和整合。具体来讲，登录最重要的步骤就是对文本资料设置码号。"码号"是文本资料分析中最基础的意义单位，是文本资料分析的切入口。码号在本研究中的意义是指职业院校班主任在职业院校中所要承担的最为基本的工作任务，需要说明的是，由于各职业院校所规定的班主任工作岗位职责详尽程度不同，不同码号之间存在着包含与被包含的关系。编码过程如表1-1所示，为了找到职业院校班主任所承担的具体的工作岗位职责，对17份职业院校班主任工作岗位职责书进行编码，一共确定了86个码号。

只有对文本资料进行层层的编码，才能够对职业院校班主任工作岗位职责的整体情况有一个宏观的掌握和了解，为下一步进行职业院校班主任职业能力评价标准的构建提供资料和内容。

表 1-1　职业院校班主任工作岗位职责文本分析示意表

××职业院校班主任工作岗位职责	登录
(一)引导学生树立正确的世界观、人生观、价值观(4),帮助学生在政治上健康成长,促进学生德、智、体、美全面发展。	4.牢固树立正确的世界观、人生观、价值观
(二)做好新生入学的接待安置、学籍信息登记上报等工作(45),精心选拔、培养学生干部,指导班委会开展工作(46);全面掌握班级每位学生的情况(43)。	45.做好新生入学的接待安置、学籍信息登记上报等工作
	46.精心选拔、培养学生干部,指导班委会展工作
(三)开展好学生心理健康教育,培养班级心理保健员(48),经常性地开展谈心活动,每学期至少与每个学生进行两次谈心交流活动(49),时刻掌握学生思想动态(43),引导学生养成良好的行为习惯和健康的心理品质。发现典型和倾向性的问题,有针对性地开展思想教育工作。遇有重大问题应及时报告系部和学工处(34)。	43.及时、全面、准确地了解掌握学生的思想动态
	48.培养班级心理保健员
	49.每学期都要与每个学生开展谈心交流活动
	34.对校园危机事件及时掌握危机事件信息并按程序上报
(四)抓好学生的日常管理和安全稳定工作,加强纪律教育和文明教育,经常检查学生上课出勤和宿舍卫生等情况(50),每周至少两次到学生寝室查寝(51),抓好班风、学风建设。	50.经常检查学生上课出勤和宿舍卫生等情况
(五)……	51.每周至少两次到学生寝室查寝

表 1-2　职业院校班主任工作岗位概括归纳分析表

1.思想政治教育与引导	1.引导学生深入学习习近平总书记系列重要讲话精神和治国理政新理念新思想新战略 (7)
	2.深入开展中国特色社会主义、中国梦宣传教育和社会主义核心价值观教育 (10)
	3.帮助学生不断坚定中国特色社会主义道路自信、理论自信、制度自信、文化自信 (9)
	42.对学生进行思想政治和道德规范教育 (2)
	43.及时、全面、准确地了解掌握学生的思想动态 (7)
	73.针对学生关心的热点、焦点问题,及时进行教育和引导 (4)
	74.在重大政治问题上立场坚定、旗帜鲜明 (1)
	77.每学期举办理想信念、爱国主义、诚信感恩、入学和毕业教育等各种主题教育活动 (3)
	78.积极开展大学生思想政治状况调查工作,每学期至少开展1次学生思想动态调研会 (1)
	79.每学期组织学生开展社会实践、志愿服务、青年红色筑梦之旅实践活动 (3)

2.价值引领	4.牢固树立正确的世界观、人生观、价值观（11）
	5.掌握学生思想行为特点及思想政治状况（9）
	6.有针对性地帮助学生处理好思想认识、价值取向、学习生活、择业、交友等方面的具体问题（8）
	86.能够用正确的价值观念影响学生，积极传播正能量，引导学生自觉主动贯彻社会主义核心价值观（2）
3.党团建设	7.开展学生骨干的遴选、培养、激励工作（11）
	8.开展学生入党积极分子培养教育工作（14）
	9.开展学生党员发展和教育管理服务工作（15）
	10.指导学生党团建设（14）
	53.组织学生积极参与各类社团和文体活动（8）
	81.参与讲授党课、团课（2）
4.班级建设	11.指导学生班级建设（7）
	46.精心选拔、培养学生干部，指导班委会展工作（4）
	47.全面掌握班级每位学生的情况（1）
	52.每周组织一次班会，及时总结本班学生的学习和生活情况（2）
	54.做好所带班级学生的学籍管理（3）
	80.每学期围绕重要时间节点、重大事件组织开展主题班会活动（4）
5.学风建设	12.熟悉了解学生所学专业的基本情况（7）
	13.激发学生学习兴趣（7）
	14.引导学生养成良好的学习习惯（11）
	15.掌握正确的学习方法（9）
	16.指导学生开展课外科技学术实践活动（9）
	17.营造浓厚学习氛围（7）
	82.主动调查了解学生学习情况，与班主任、任课老师常态化联系（4）
	83.每学期对所带班级进行学习成绩分析，针对具体情况实施具体解决方案，及时进行学业预警并与家长保持联系（1）
6.日常事务管理	18.开展入学教育、毕业生教育及相关管理和服务工作（10）
	19.组织开展学生军事训练（10）
	20.做好"奖、贷、勤、补、减"工作（17）
	21.做好学生困难帮扶（13）
	22.为学生提供生活指导（7）
	45.做好新生入学的接待安置、学籍信息登记上报等工作（2）
	50.经常检查学生上课出勤和宿舍卫生等情况（6）
	51.每周至少两次到学生寝室查寝（2）
	66.经常深入学生寝室走访谈心（6）
	69.抓好早上出操、寝室内务、晚上就寝等日常管理（5）
	70.加强安全意识和遵纪守法教育，检查和纠正各种违纪行为（2）
	71.协调解决各班级学生日常管理过程中出现的突出矛盾和问题（1）
	72.协同做好对学生违法违纪行为的教育处理工作（2）

7.心理健康教育与咨询工作	23.协助学校心理健康教育机构开展心理健康教育（12）
	24.对学生心理问题进行初步排查和疏导（9）
	25.组织开展心理健康知识普及宣传活动（9）
	26.培育学生理性平和、乐观向上的健康心态（9）
	48.培养班级心理保健员（1）
	49.每学期都要与每个学生开展谈心交流活动（3）
	84.配合心理健康指导教师做好学生心理咨询辅导，为学生提供经常、及时、有效的心理健康咨询意见建议（3）
	85.对有心理问题的学生进行追踪辅导，建立学生心理健康档案（1）
8.网络思想政治教育	27.运用新媒体新技术，推动思想政治工作传统优势与信息技术高度融合（7）
	28.构建网络思想政治教育重要阵地，积极传播先进文化（9）
	29.加强学生网络素养教育（7）
	30.创新工作路径，加强与学生的网上互动交流（7）
	31.运用网络新媒体对学生开展思想引领、学习指导、生活辅导、心理咨询等（9）
	59.密切关注学生的网络行为，及时了解网络舆情信息（3）
	60.围绕学生关注的重点、难点、热点进行有效的舆论引导，努力把握网络舆论的话语权与主导权（2）
9.安全教育与稳定工作	32.组织开展日常安全教育（11）
	33.参与学校、院系危机事件工作预案制定和执行（7）
	34.对校园危机事件及时掌握危机事件信息并按程序上报（13）
	35.参与危机事件后期应对及总结研究分析（6）
	61.保持通信全天候畅通，及时参与有关突发事件的处理（1）
	62.熟悉学校危机事件工作预案，具备处置各类突发事件的能力（4）
10.职业规划与就业创业指导	36.为学生提供科学的职业生涯规划和就业指导以及相关服务（8）
	37.帮助学生树立正确的就业观念（13）
	38.引导学生到基层、到西部、到祖国最需要的地方建功立业（8）
	44.做好就业指导、就业推荐、毕业鉴定工作（6）
	55.做好所带班级学生顶岗实习的各项工作（3）
	56.做好毕业生的文明离校和跟踪服务、就业协议书回收等工作（5）
	63.为学生提供及时的就业创业指导与信息服务（4）
11.理论和实践研究	39.努力学习思想政治教育的基本理论和相关学科知识（9）
	40.参加相关学科领域学术交流活动（6）
	41.参与校内外思想政治教育课题或项目研究（6）
	57.积极参加辅导员培训（3）
	58.认真学习大学生教育与管理的理论及业务知识，不断提高自己的理论素养和业务水平（2）
	64.运用理论分析、调查研究等方法开展思想政治教育工作（4）
	65.不断探索和创新大学生思想政治教育的思路和办法（1）
	67.承担思想政治理论课、心理健康教育、创业教育和职业生涯规划等课程的教学工作（2）
	68.发挥专长，多形式开展职业生涯规划、心理健康、就业创业、党课、校园文化等讲座活动（1）
	75.积极参与和开展学生思想政治教育的研究工作，撰写调研报告和研究论文（3）
	76.参与全省或校级辅导员工作论坛活动（1）

第二节　职业院校班主任工作岗位职责的分析结果

通过对 17 所职业院校班主任工作岗位职责文本材料的分析，一共确定了 86 个登录码号，86 个码号意味着 86 项具体的工作岗位职责，这也是职业院校班主任 86 项三级岗位职责。随后根据 86 个码号之间的关系确定了职业院校班主任所从事的二级工作岗位职责，这也为后面的研究构建职业院校班主任职业能力评价三级指标体系奠定了理论基础。

根据最初分析的 86 个码号之间的相互关系，最终形成了 11 个二级工作岗位职责。职业院校班主任二级工作岗位职责如图 1-1 所示，这 11 个二级工作岗位职责分别是：思想政治教育与引导；价值引领；党团建设；班级建设；学风建设；日常事务管理；心理健康教育与咨询工作；网络思想政治教育；安全教育与稳定工作；职业规划与就业创业指导；理论与实践研究。

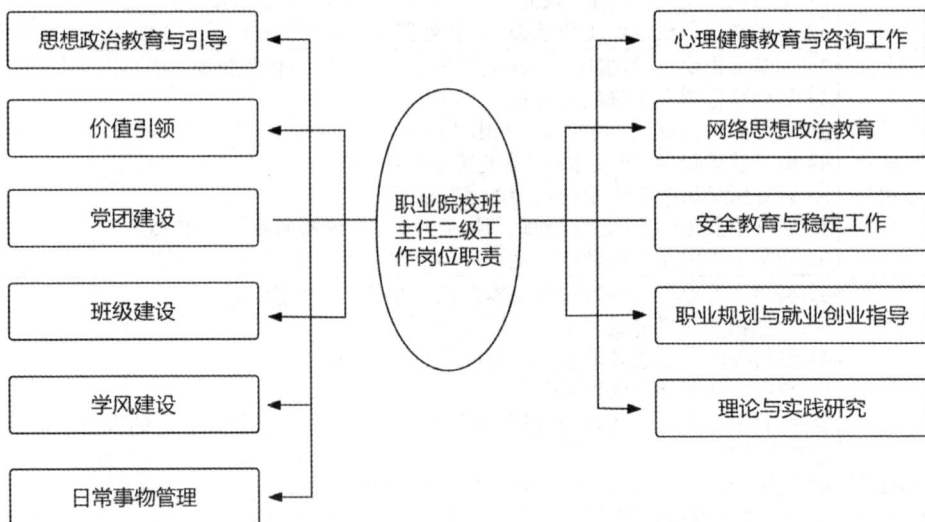

图 1-1　职业院校班主任在组织中的职业工作岗位职责

第三节　职业院校班主任工作岗位的职业能力特点分析

职业院校班主任职业能力的特点是职业院校班主任特点的具体化，并通过职业院校班主任的特殊性表达出来，只有掌握了职业院校班主任职业能力的特点，才能为职业院校班主任职业能力评价标准开发提供理论依据。

虽然职业院校班主任和普通本科院校班主任的工作性质相同、工作目标一致，但是由于工作对象具有很大差异性，因此，工作环境和工作内容上存在着较大的差异性，这些差异性突出反映在职业院校班主任职业能力上。和普通本科院校班主任相比，职业院校班主任职业能力表现出更注重基础性、更具有人性化和更强调职业性三个特点。

一、更注重基础性

所谓基础性是指职业院校的班主任在工作中对学生的基本行为规范强调得更多，比如遵守学校纪律、不打架、不旷课等。在职业院校，基础性的、事务性的工作占据了班主任较多的时间和精力。

职业院校班主任职业能力特点表现为更注重基础性，主要体现在两个方面：一是管理模式高中化。职业院校的管理和高中学校的管理差不多，更加强调纪律、学风方面的管理。职业院校班主任要花费更多的时间精力在学生的纪律、学风和日常行为规范方面，对职业院校学生来讲，守规矩、不打架、不旷课很重要。二是管理手段简单化。相比普通本科院校的学生来讲，职业院校学生的理解能力较差，自学能力比较差。这就需要班主任在开展学生工作时要把握关键点，复杂问题简单化，这尤其体现在给学生发通知及传达学校政策文件上。

职业院校班主任职业能力特点更加注重基础性的原因，上述几位班主任均提到学生生源、学生素质的问题，这说明生源质量是更加注重基础性的原因。职业院校的学生大部分都是高考"淘汰"的学生，他们普遍存在着学习习惯较差、自信心不足、自我定位不清晰、集体意识缺乏等问题。职业院校班主任职业能力的基础性特点，让班主任往往忽略了学生思想政治教育的重要性，导致了职业院校班主任工作的重心发生偏移，严重影响了职业院校学生思想政治教育的效果。

二、更具有人性化

职业院校班主任是和学生接触最多的一批人，在学校既从事教书育人工作，又通过管理育人，还经过服务育人，在学校、企业和家庭中间发挥重要作用，是全过程、全方位育人的综合体。重要的育人岗位决定了职业院校班主任重要的育人角色，他们在工作中会付出更多的耐心、爱心和细心，因此，他们在工作中更多地被学生称为"某某哥""某姐"或"某妈"，这样的称谓也反映了职业院校班主任职业能力特点更具有人性化。

职业院校的学生都喜欢叫他们的班主任为姐姐、哥哥或某叔，这其实是一种非正式的、拟亲化的关系，只有关系上亲近了，才能走进学生的内心。职业院校班主任和学生之间的这种师生关系不是一种正式的职业关系，如果采取一种正式的权威姿态，学生就会躲着你，这样班主任就无法触及学生的内心，也不能与他们建立密切的关系。正是通过建立这种非正式的、拟亲化的关系，才能获得学生的信任，才能陪伴和参与到学生的生活成长。因此，职业院校的班主任和学生不是"我"与"他"的对立关系，而是"我"与"你""我们"在一起的关系。除了在称呼上建立非正式的、拟亲化的关系之外，职业院校班主任在工作中更具有耐心，用更加柔和的手段开展学生工作。

职业院校班主任在工作中只有突出人性化这一特点，才能更好地走进学生内心，激发他们的自信心，培养他们成人成才。正是在和班主任的交往中，他们得到了鼓励和赏识，发现了自己的优点，发掘了自己的潜能，开始了自信、健康、阳光的生活。

三、更强调职业性

我国职业院校主要是培养适应生产、建设、管理、服务第一线需要的技术技能型人才，因此，职业院校班主任的工作必须从这一总目标出发，在学生工作中了解所带学生毕业后在实际工作中将会处于什么样的职业环境，面临哪些职业活动，所以，职业院校班主任职业能力具有更强调职业性的特点。

更强调职业性指的是职业院校班主任要了解职业院校学生所学的专业，比如，职业院校英语专业的学生学习英语，并不是要学习英文论文写作、阅读英文文献，而是要通过英语的学习能够看得懂说明书、合同、广告等，能在对外活动中进行简单的口语交流等。

此外，有些职业院校在班主任的评聘中会要求班主任要参加企业实践或是跟随课程组参加社会实践，这些都是更强调职业性的体现。

第二章　职业院校班主任职业能力评价的理论基础

本章主要论述职业院校班主任职业能力评价与改进研究。首先，要重点阐述职业院校班主任进行职业能力评价的理论依据，本研究主要阐述比较成熟且公认的能力本位评价理论的主要内涵。其次，任何班主任都存在一个"从新手班主任向专家班主任"发展的过程，这一过程也是职业能力发展的过程。因此，职业能力发展理论也是本研究的一个重要出发点。再次，职业院校班主任是职业院校极为重要的人力资本，对他们的职业能力进行评价的目的在于提升他们的职业能力，这就要求职业院校要重视对这支队伍进行教育投资，因此，人力资本理论也是本研究重要的理论依据。最后，本研究的对象是具有中国特色的学生工作群体班主任，班主任是学生思想政治工作的重要骨干力量，因此，必须依据思想政治教育理论，在此理论视域下探讨职业院校班主任职业能力评价与发展的问题。

第一节　能力本位评价理论：职业院校班主任职业能力评价的内在机理

能力本位评价的核心是围绕着职业能力进行评价，从评价内容来看是对工作情境中所体现的职业能力的评价，从评价方式上来说基于工作场所中实际的工作表现，辅之以其他工作任务的完成，从评价的模式来看不是根据常模参照评价，而是个性化的标准参照评价，具有很强的灵活性。因此，对能力本位评价理论的梳理和借鉴，是当前构建职业院校班主任职业能力评价体系的重要前提。

一、能力本位评价理论的研究概况

20 世纪六七十年代，能力本位教育思想首先形成于美国，能力本位强调岗位能力，该思想提出后，被逐渐运用到职业教育与培训行业，能力本位评价随之也逐渐受到关注。如今在迅速变化的劳动世界，能力的获得已然成为个人、组织和国家战略不可或缺的重要组成部分。一个组织的市场价值越来越依赖于能力以及诸如知识、忠实客户和其他人力资本的表现形式，这些因素推动了能力本位评价的发展。所谓能力本位评价是基于规定的能力标准对个体能力进行评价，因此，如果一个职业建立了一套能力标准，比如入门级能力标准，那么该职业所有的新入职者都要符合这些能力标准。能力本位评价是确定候选人是否达到规定的能力标准的过程。能力本位评价可以确定一个人是否符合工作所要求的能力标准。能力本位评价的核心是评价"能做什么"，而不是"知道什么"，能力本位评价力图把"能力"而不是"书面知识"作为评价对象。能力本位评价是基于对各种任务执行的情况进行推断，其直接衡量的是与具体工作相关的技能和能力。与传统评价方式相比较而言，能力本位评价有其特有的优势，在职业教育领域中，能力本位评价主要是克服评价重知识、轻能力的弊端。尽管有一些批评者对能力本位评价持质疑和反对的态度，但能力本位评价更接近于评价我们想要评价的东西，即专业人员在实践中的整合知识、价值观、态度和技能。

能力本位评价采用的是工作样本测验（work sample test），工作样本就是从工作过程中选取典型的工作任务，根据被评价者在工作过程中的表现，尤其是工作任务的完成情况，对他们是否具备了所从事职业要求的职业能力给出判断。如图 2-1 所示，能力本位评价过程依据以下流程。第一，开发职业标准。能力本位评价首先要开发职业标准，通常采用的技术是职业分析，开发出来的职业标准应全面、具体、明确和可操作。第二，选取典型工作样本。职业能力评价标准由很多小单元构成，每一单元都要选取具有代表性和典型性的样本。第三，准备职业能力评价材料。职业能力评价材料是指被评者在完成工作任务过程中的证据，主要包括评价规则、评价过程记录表格、完成工作任务需要的材料、评价结果的记录表格，等等。第四，施行职业能力评价并记录评价结果。第五，对职业能力进行逐项评价。根据职业能力评价标准的要求，评价者要逐步分单元对被评价者的工作表现进行评价，在评价过程中要做到严谨、客观。第六，总结性评价。评价者根据每个小单位的评价结果，反馈给被评价者一个整体评价结果。第七，再次评价。在评价中总会有评价不通过的被评价者，应给予他们再次评价的机会。

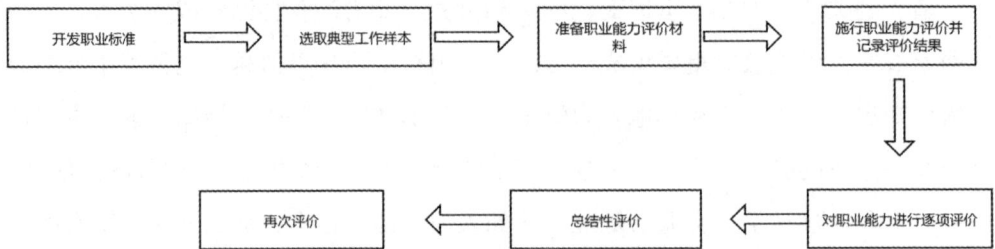

图2-1　能力本位评价流程图

二、能力本位评价理论对本研究的应用价值

能力本位评价不仅跨越了文化、性别和种族差异，还突破了认知、刻板印象和主观性的局限，因此，能力本位的评价具有更高的公平性和客观性。尽管能力本位评价在信度和效度方面存在一些问题，但是能力本位评价规避了传统评价方式的诸多不完善之处，它把职业能力作为评价的出发点和落脚点，在评价内容、评价所采取的测量方法、评价标准和评价组织形式等方面能为职业院校班主任职业能力评价提供很好的借鉴，也值得在班主任职业能力评价中普遍推广。能力本位评价采纳的工作样本测验为选取职业院校班主任典型工作任务提供了方法，借鉴该方法可以找出工作情境中职业院校班主任具有典型性和代表性的工作任务，同时还有利于加强职业院校领导对班主任职业能力的重视，促进他们职业能力的提高。此外，能力本位评价的过程也为职业院校班主任职业能力评价的路径设计方面提供了重要参考。

第二节 职业能力发展理论：职业院校班主任职业能力评价的目标取向

每一种职业都有明确的职业发展目标，也都存在着通向目标的职业生涯发展路径，只有这样，个体的工作才会有奔头。对于职业院校班主任来说，尤其是年轻的班主任，随着刚入职时的工作激情和工作干劲的褪去，都会更加关心自己未来的职业发展规划。职业院校班主任未来的出路在哪里？他们的职业发展通道如何？每一个职业发展阶段都需要什么样的职业能力？这些会是每一位职业院校班主任在职业发展过程中都认真思考的问题。职业能力发展理论能够在职业院校班主任职业能力的发展路径、职业能力评价指标建设、职业能力发展每个阶段的特点等方面提供参考。

一、职业能力发展基本理论

职业院校班主任从事的是学生事务工作，对学生事务工作是否是一种"职业"，长期以来存在着不同的观点。保罗（Bloland A.Paul）基于摩尔模型，认为学生事务工作本身可能不被视为职业，但是学生事务工作的班主任可以作为专业人员从事该工作。卡彭特（Carpenter）、米勒（Miller）和温斯顿（Winston）根据韦伦斯基（Wilensky）提出的基于社会学视角的职业标准，确定学生事务工作是一个"新兴职业"。与其对学生事务工作是不是一种职业进行讨论，不如将注意力集中到班主任职业能力发展上，职业院校班主任是一支受过高等教育并且竭力为学生服务的队伍。

职业能力发展的最终目标是促进职业发展，职业发展与职业能力紧密结合在一起，因此，职业发展活动是从业人员为了不断更新自己的职业能力而进行的活动。1981年，卡彭特和米勒根据人类发展理论提出学生事务从业人员职业发展的四个阶段：形成阶段、应用阶段、积累阶段和生成阶段。学生事务从业者必须掌握每一发展阶段的增长点，才能顺利进入下一阶段。学生事务从业人员的成长阶段就是一个"从新手到专家"的发展过程，在每一阶段的职业能力的要求是不一样的。心理学家赫威斯（R.J.Havighurst）认为，学习者在职业发展中只有自己独立完成一系列典型工作任务，才能促进职业能力的发展。按照这一思想，德国不莱梅大学教授菲利克斯·劳耐尔（Felix Rauner）认为人的职业能力发展往往分为5个阶段，即新手、高级新手、熟手、能手和专家（见图2-2），这5个职业能力发展阶段的任务特点、行动特点都不相同，具备的能力水平也不一样。据此，可以概括出4个学习范围，每个范围的工作任务类型不同，行动特点不一样，每完成一项工作任务意味着职业能力的新发展。

新手		学习范围		任务特点	行动特点
↓		定向性概括性知识	企业和工作的基本情况是什么？职业技术的意义和目标	定向性任务	在外部指导下（限定）的行动
高级新手		关联性程序性知识	为什么是这样？即工艺技术知识及其原因	程序性任务	基于规律的系统化行动
↓ 熟手		具体性功能性知识	怎样才能这样？即功能描述和专业性解释	蕴含问题的任务	理论指导下的行动
↓ 能手		学科性系统化知识	职业发展的边界和极限是什么？科学性解释	无法预测的任务	理论与经验指导下的行动
↓ 专家					

图2-2 按照职业成长发展逻辑规律的4个学习范围

从新手发展为专家要经过工作经验的不断积累和在职培训，在职培训包括正规（即教育机构）和非正规（即专业协会）的教育培训。在职培训是一种指导形式，向新手提供适当的知识，以发挥其在组织中的作用，培训内容会根据工作调整。新手往往通过借鉴他人经验来学习，以避免犯和他人同样的错误，与新手相比，专家通过与同伴对话和分享比观察和模仿他人学习得更多。（见图2-3）

职业认同感在职业能力发展过程中的作用不能忽视，任何职业的发展过程既是职业能力发展的过程，又是职业认同感不断深化的过程。学习者在认识职业、体验职业、熟悉职业并适应职业的实践过程中逐渐形成职业认同感，在此过程中亦不断发展和提升自身的职业能力。

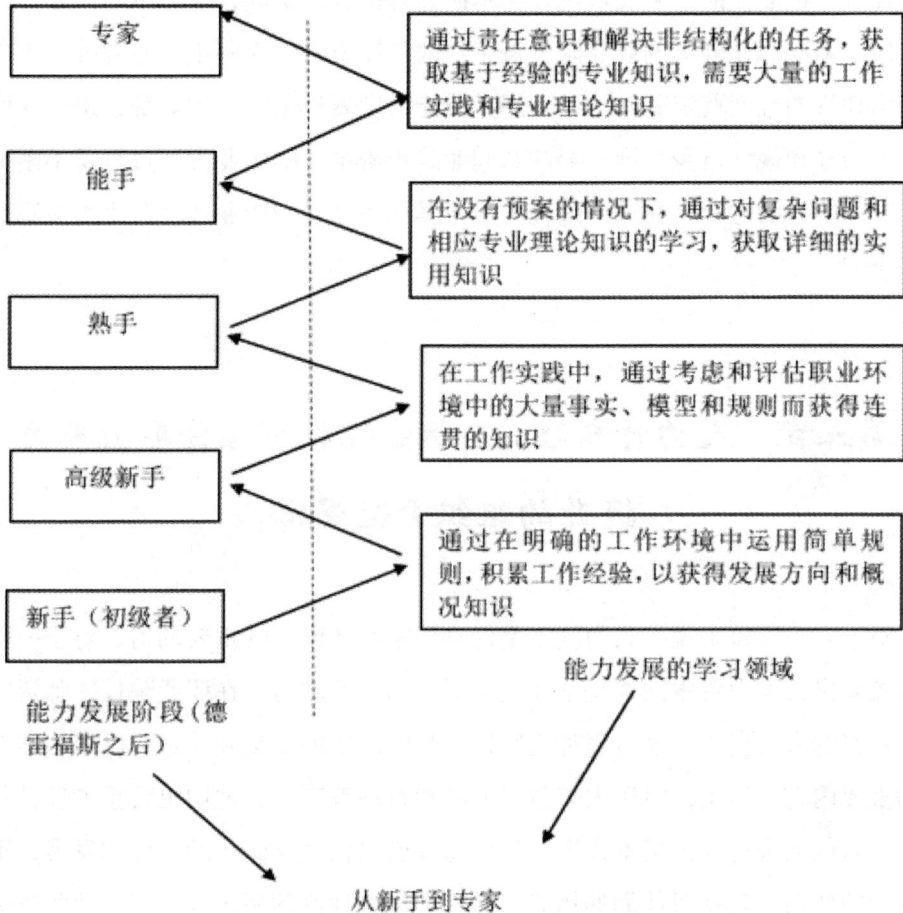

图2-3 职业能力发展"从新手到专家"

二、职业能力发展理论对本研究的应用价值

职业能力发展理论在职业能力评价领域、专家知识研究及职业能力发展模型当中有着广泛的应用。依据职业能力发展理论,职业院校班主任也是按照"从新手到专家"的职业成长五阶段理论进行的。职业院校班主任的职业发展与医生、会计和律师等其他领域的专业人员相似,都可以通过系统的知识学习与培训,不断积累实践经验,实现"从新手班主任到专家班主任"的转变。按照这一职业成长的发展规律对职业院校班主任进行培训,可以作为提升职业院校班主任职业能

力的新范式。

此外，把职业能力发展理论作为本研究理论分析基础，探究不同职业能力发展阶段、不同职业等级的职业院校班主任的具体要求，为制定职业院校班主任职业能力评价的维度奠定基础。在运用职业能力发展理论时，职业院校班主任可以监督、指导和规划自身发展，要注意职业院校班主任的职业发展过程是不断更新自身职业能力的过程，在这一过程中职业发展还会受到职业环境及个人主观能动性的影响。

第三节　人力资本理论：职业院校班主任职业能力提升的组织管理逻辑

对于一个国家来说，人力资本是促进国家经济增长的重要动力，对于一所职业院校来讲，人力资本同样是学校质量提升的主要动力。在职业院校，师资队伍就是重要的人力资本，通过多种途径提升师资队伍的数量和质量，已成为学校发展的重要内容。但是，对于大多数研究者和管理者来讲，他们更看重专任教师的发展，对他们进行人力资本投资，反而忽视班主任这支队伍的建设和发展，重视对他们的使用，轻视对他们的培养。以人力资本理论的视角来研究职业院校班主任职业能力，不仅符合人力资本的理论框架，更有助于从投入产出的角度来深刻剖析职业院校班主任职业能力结构优化的内在机理。因此，从人力资本的角度来审视职业院校班主任的职业能力，对于推动职业院校班主任职业化发展具有重要的意义和价值。

一、人力资本理论的核心思想

古典经济学理论认为社会劳动分工的不断深化与演进是促进经济发展最根本的原因，古典经济学理论把物质因素当成国家经济发展的唯一动力，却忽视了人的质量因素在经济增长中发挥的作用。人力资本理论认为，与物质资本不同，人的知识与能力也是一种资本，这属于人力资本。西奥多·舒尔茨（Theodore W.Schultz）是人力资本理论的提出者，他认为人力资源包括劳动力的数量与质量，他更加关注的是通过对自身投资来提高劳动者本身所具有的知识、技能及所表现出的能力，学校教育则是人力资本的最大投资。

继舒尔茨之后，1962年，美国经济学家加里·贝克尔（Gary S.Becker）在《政治经济学杂志》（*The Journal of Political Economy*）上发表了《人力资本投资：一个理论的分析》（"Investment in Human Capital: A Theoretical Analysis"）这篇文章，1964年，又发表了经典著作《人力资本》（*Human Capital*）。他特别强调正规教育和在职培训对人力资本形成的重要作用，贝克尔运用微观经济分析构建了人力资本微观行为分析体系，增加了人力资本理论的丰富性，贝克尔也因此成为人力资本理论发展的杰出人物。

20世纪80年代以来，人力资本理论得到了进一步发展，代表人物是最早提出内生经济增长模型的学者保罗·罗默（Paul M.Romer）。1986年，他发表了重要文章《收益递增与长期经济增长》（"Increasing Returns and Long-run Growth"），1990年又发表了《内生技术进步》（"Endogenous Technological Change"）。他的思想核心是：（1）经济增长率是由人力资本的存量决定的，与劳动力规模及生产工艺无关。（2）决定经济增长的并不是人口规模而是人力资本。罗默提出的内生经济增长理论详细论证了人力资本数量和质量与经济增长的关系，这使得他获得了2018年诺贝尔经济学奖。另外一位重要的代表人物是罗伯特·卢卡斯（Robert E.Lucas），最主要的贡献体现在其1988年发表的文章《论经济发展的机制》（"On the Mechanics of Economic Development"）。卢卡斯将人力资本分为内部人力资本和外部人力资本，内部人力资本主要指的是知识、技能的增长对经济发展的影响。相比内部人力资本，他更加关注外部人力资本，外部人力资本指的是人力资本的社会遗传性。罗默、卢卡斯的内生经济增长理论通常被称为第二代人力资本理论。

詹姆斯·赫克曼（James J.Heckman）和贝克尔一样，也是从个体微观的视角来分析人力资本。赫克曼透过生命周期动态的角度去分析人力资本投资，在一个生命周期获得的技能会成为下一阶段生命周期的初始条件和学习基础。他认为对人力资本的分析不仅仅包括认知能力（cognitive skills），更重要的是从非认知能力来分析人力资本，非认知能力包括身心健康、毅力、自信心、专注力、自我激励、社交能力等，非认知能力在工作场所和学校都起着非常重要的作用。人们的认知能力、非认知能力在生命的幼儿期就开始形成与发展，这一时期家庭环境起到决定性作用，然而，人们讨论更多的往往是学校的作用。

此外，人力资本投资不是一次性投资，它具有可调整性和持续性。在一生中，人力资本最终形成依靠的是多次持续投资行为，而不是一次性的投资行为。例如，人们除了接受从小学到大学这种持续的教育投资过程之外，在正规的学历教育结束之后，还需要在工作中接受在职培训这种非正规的教育活动。从本质上来讲，人力资本的投资乃是一个终身学习的过程，这个特性在现代社会尤为明显。

二、人力资本理论对本研究的应用价值

如前所述，人力资本是凝聚在个体身上的知识和能力，人力资本虽然很好定义却难以测量。如何测量无形的人力资本？主要有教育指标法、成本法和收益法。人力资本最新的测量方法是2018年世界银行专家构建的一种新的更全面、更综合的测量方法，人力资本测量方法上的不断完善和发展为职业院校班主任职业能力测评提供了借鉴。更为重要的是，目前，职业院校班主任作为职业院校重要的一支师资队伍，数量上越来越满足国家规定的要求，相对于班主任数量，班主任的质量，也就是人力资本显得越来越重要，人力资本突出表现在班主任职业能力的提升上。对于职业院校班主任来讲，通过教育培训是职业能力提升的重要途径，也是职业院校班主任这一人力资本形成的主要途径。因此，要注重对职业院校班主任的在职培训，将潜在的人力资源转化为人力资本，进而提升他们的职业能力。

此外，人力资本理论发展过程中对于一般人力资本与专用人力资本，以及认知能力与非认知能力，他们彼此间的联系和区分，为本研究在进行职业院校班主任职业能力指标分类时提供参考价值。随着职业院校学生工作性质的不断变化以及班主任工作岗位的复合性加快，职业院校班主任在工作过程中所需要的职业知识和职业能力越来越综合化，这就对职业院校班主任的非认知能力提出了更高的要求，比如他们的亲和力、同情心、工作的专注度、条理性、合理控制自己情绪，等等。

基于人力资本理论，明确职业院校班主任职业能力结构特征要素的构成，在职业院校组织层面，把班主任这支队伍作为重要的人力资本进行投资，不仅有利于提升职业院校班主任自我价值的实现，更能有效地发挥班主任队伍在学校管理及育人方面的重要作用。

第四节　思想政治教育理论：职业院校班主任职业能力发展的方向指引

思想政治教育无论在当代还是未来，仍然具有强大的生命力。职业院校班主任是职业院校学生思想政治教育的骨干力量，是他们健康成长的指导者和引路者，是他们的思想政治导师和社会生活导师，同时还是他们日常事务管理工作的组织者和实施者。职业院校班主任职业能力的高低，很大程度上决定着思想政治教育工作开展的效果和学生培养的质量。因此，职业院校班主任职业能力评价研究，必须在中国特色的思想政治教育理论视域下展开对职业院校班主任职业能力的内涵、发展及评价等问题的研究，从职业院校学生思想政治教育、日常管理、学习实习、求职等方面及职业院校思想政治工作的实际需要出发来剖析职业院校班主任职业能力及其相关问题。

一、思想政治教育的主要内涵

思想政治教育的概念到底是什么，学界未能形成统一而明确的答案。依据马克思主义理论，认为思想政治教育的本质是一种意识形态领域的教育，是为"政治"服务的教育，用马克思主义教育人，辩证看待各种问题。大学生处于思想形成期，这一时期他们思想比较活跃，容易受到各种思想的影响，对大学生进行思想政治教育的目的在于帮助和引导他们树立正确的世界观、人生观和价值观，确立为建设中国特色社会主义而奋斗的理想目标，提高辨识错误思想的能力，增强抵抗消极腐朽思想的能力。

思想政治教育内容是思想政治教育的核心要素，是根据经济社会发展的要求和教育对象的思想现状决定的，马克思主义理论的科学性、实践性等特点决定了我国大学生思想政治教育内容具有全面性、广泛性和具体性的特点。职业院校思想政治教育除了包括世界观教育、人生观教育、价值观教育之外，还应该包括职业道德教育、职业理想教育、职业精神教育，等等。职业院校大学生日常的思想政治教育主要指思想政治课及课堂教学之外的形式，比如社会实习实践活动、社团活动、党团活动等，近几年随着课程思政的不断开展和深化，一些专业课程也渗透和融合思想政治教育的内容。

二、思想政治教育理论对本研究的应用价值

近几年来，我国高等职业教育发展迅猛，这给高等职业院校的思想政治教育工作带来了前所未有的挑战。一方面，学生数量急剧增加，这三次扩招会让更多的社会考生（农民工、下岗工人、退役军人、新型职业农民等）进入学校中，使得职业院校生源更加复杂，这会直接造成职业院校学生与普通本科学生在思想政治特点、心理特点和道德行为特点等方面更加不同。另一方面，职业院校办学时间不长，还没有形成相对成熟和系统的职业院校学生思想政治教育工作的经验。此外，用人单位在招聘毕业生时，也很少会把学生的思想政治素养作为一个不可或缺的标准，这种选拔人才的标准也使得职业院校班主任或多或少会忽视对于学生的思想政治教育。概而言之，职业院校学生思想政治教育工作的特殊性质，决定了职业院校班主任的工作具有复杂性、创造性等特点。这就要求职业院校班主任对大学生开展思想政治教育工作时要掌握一定的专业知识和技巧，不断学习思想政治教育理论，并将理论知识和实践活动紧密结合起来。此外，从工作内容来说，职业院校班主任的工作要想开展得好，必须遵循思想政治教育理论所揭示的教育规律，依据正确的思想政治教育原则，掌握科学的教育方法。在平时工作中，职业院校班主任往往会对自己的工作经验形成依赖，工作墨守成规，不能根据新形势、新环境调整工作思路，寻找思想政治工作的新方法。思想政治教育理论要求他们首先要具有学习领会国家政策文件的能力，然后要具备掌握学生思想状况的能力，其次还能够拥有将政策文件的内容转化为学生容易接受的方式的能力。因

此，对职业院校学生进行思想政治教育的能力是职业院校班主任很重要的一项职业能力。

2020 年，教育部等九部门联合印发了《职业教育提质培优计划（2020—2023年）》，指出"加强党对职业教育工作的全面领导，推进新时代职业学校思想政治工作改革创新。……将党建和思想政治工作评价指标全面纳入学校事业发展规划、专业质量评价、人才项目评审、教学科研成果评估等"。所以，只有以思想政治教育理论为方向指引才能保证职业院校班主任在正确的方向上发展自身的职业能力，职业院校班主任职业能力越强，越有利于增强职业院校思想政治教育工作的实效性。

第三章　新时代提升职业院校班主任职业能力的有效路径

职业院校班主任具备与所从事工作需求相匹配的个人职业能力是胜任该职业的前提，而从班主任职业能力的整体模型和各层次模型看，都是一项系统而复杂的能力建设系统。班主任的职业能力素质涵盖较广，不仅体现在班主任个人的基本素质能力还包含班主任职业所必需的专业能力，一般情况下在招聘班主任的时候都会明确地在招聘条件里陈述。如具有较强的组织管理能力，这往往构成了能力条件的一条，同时还会提及学习能力、综合运用能力以及接受力等多个方面，更体现在其对思想政治教育学、心理学、传播学和媒介素养等学科知识的掌握和运用上。因此，职业院校班主任作为职业院校教职工中专职从事学生工作的人员，在职业能力素质提升上仍存在着较大进步空间，同时也为进一步研究如何更有效地提升班主任职业能力留下了探讨空间。本章将从班主任学科的发展、班主任职业的确定、班主任能力水平的合理化评估、班主任培养等角度探索班主任职业能力的建设问题，从而进一步推动班主任朝着既定职业目标奋进，使班主任在职业院校思想政治教育工作队伍中取得更大的政治认同、组织认同和个体认同，为助力职业院校思想政治工作质量提升工程提供一些探讨性的参考。

第一节　完善职业院校班主任职业能力建设的
制度保障体系

"双一流"建设成为新时期各职业院校的重要发展契机，是高等教育国际标准的实现过程，职业院校对专门人才的需求门槛逐渐提高。职业院校班主任成为硕士甚至博士研究生毕业后职业选择的一个重要考虑去向，但从职业院校选聘班主任的报名情况来看，则存在着选拔对象上的盲目性。这是因为很多应聘者选择从事班主任工作的直接原因是看重在职业院校工作相比社会上需打拼的其他工作所具有的高度稳定性和舒适度，但是多数应聘者对班主任所需职业能力的认识往往只停留在国家关于班主任的一些制度政策、对班主任的一些研究成果以及从观察身边的班主任而得到的感性认识，仅有少数应聘者对班主任职业有深入的了解和掌握，这就势必导致这样一个问题：毕业生在缺乏对自身职业能力、班主任职业角色和职业发展等的清晰认识和理解的情况下，单纯地为了找工作而竞聘班主任岗位。因此，从职业院校对班主任的职业角色和岗位职责定位来看，以及把职业院校班主任作为人才引进的机制来说，构建起科学的培养体系，完善选拔机制，将职业院校班主任作为一类专门人才进行培养势在必行。

一、建立班主任专业人才培养制度

班主任专业人才培养是职业院校思想政治工作专业化发展的重要路径，《高等学校辅导员职业能力标准（暂行）》为班主任专业人才培养奠定了政策基础，以能力导向的班主任职业成长机制为班主任专门人才培养的科学走向。专业型人才是指在社会职业岗位上具有特定的专业和技术人才，得到国家相应的政府或权威部门认定，在其工作岗位上促进岗位职能的充分发挥及个人职业的充分发展。职业准入机制的建设要科学化，当前各职业院校的选拔和聘用机制或多或少存在这样和那样的不足，而且有些职业院校长期以来明知有问题但也无法提出合理的解决办法。由于班主任专门人才培养制度体系的不健全，所带来的班主任职业生涯内外部的困扰和挫折导致一些职业院校和部分班主任发展遭受不利的局面。从职业院校来看，是要选聘专职人员来从事学生思想政治教育工作，一旦把不适合或者没有长期打算从事班主任工作的人选拔到班主任队伍当中，对学校发展、学生成长以及班主任进步来说无疑都是重大损失。因此，如果专门培养一批具有坚定的职业院校班主任职业理想和较高职业能力素质的人才来不断充实职业院校班主任队伍，不仅可以达到学校教职工队伍建设和班主任自身职业发展双赢的效果，而且可以高质量地实现国家对职业院校班主任职业发展的要求，从而为实现职业院校班主任在助推学生成长成才、提升人才培养质量过程中真正发挥不可或缺作用奠定良好的基础。

建设职业院校班主任专业人才培养制度，通过多学科交叉培养的模式，探索在硕士层面开设班主任专业学位研究生培养制度。例如东北师范大学曾经对各职业院校都熟知的"2+3"班主任选留机制实施过程中，在后来三年的硕士阶段学习中，鼓励有志长期从事班主任工作的研究生兼职班主任攻读思想政治教育专业，而且这样的措施也大幅提升了学校班主任队伍的稳定性，也是该校在学生工作领域取得突出进步的重要保障。多年来，国家对在岗班主任的培养进行了多项探索，如班主任年度人物、思政专项课题研究、班主任精品项目、职业院校班主任专项博士计划、班主任职业技能大赛、思政优秀网络作品评选等。那么是否可以尝试在各职业院校马克思主义学院或者国家班主任培训基地招收部分硕士研究生来专门研究和学习从事职业院校班主任工作的职业技能，培养专职的班主任队伍呢？目前，国家每年有300名职业院校班主任专项博士研究生培养计划，但在这一培养计划实施过程中也暴露出一些需要改进和提升的问题，一方面是缺乏班主任专业的人才培养计划，另一方面对于那些本科和硕士阶段都是理工科相关专业的班主任来说，考取攻读资格就成了一个极大的挑战。此外，从已考取的在读班主任来看，很多班主任实际上成了攻读马克思主义原理的博士，导致专项培养计划"专项不专"的问题，这也一度引起教育部的高度关注。因此，在硕士阶段开设职业院校班主任工作研究专业，聘任长期在一线从事班主任工作的具有高级职称的班主任和思政专家来担任导师，专门研究班主任工作、专心从事工作实践与理论的研究，这样的专门人才培养方式才越发显得重要。通过这样的运行机制，将班主任职业能力建设提前到职前阶段，既能够为职业院校班主任队伍培养后备人才，又能避免班主任从业者不必要的困惑和压力，促进队伍稳定有序地发展。

探索班主任工作专业学位硕士培养制度。班主任职业选择群体的庞大已经逐步促进职业院校人才改革，尝试对班主任职业选择进行专门培养体系的完善，能够促进班主任学科化发展的同时完善研究生人才培养体系的市场需求、体系的适配度。班主任专业人才培养的层级性能够更好地实现班主任学习与职业技能需求的关联性，理论知识和实践锻炼的螺旋式专业人才的成长机制。通过对学生进行班主任专业基础知识、基本能力、核心素养、实践训练及工作研究的专门化培养，依据班主任职业发展可选择的方向，使其充分了解工作内容、性质和进行个人能力的提升。现实实践经验表明，在 2000 年前后开始的"2+3""1+3""2+2"等班主任选拔和培养制度的探索得到了多数人的认可，特别是在近几年职业院校班主任选拔门槛提高，都是硕士起步，或者也不乏很多职业院校招聘博士作为专职班主任，经过几年实践发现，前期的探索更被职业院校认可。研究者本人也是学校"2+3"选留下来的班主任，从起初的职业无意识，到慢慢的职业认同，职业能力的提升，都是在不断地评估和调整个体职业胜任力的过程，而从中也使个体感受到较大的职业归属，促使个人坚定班主任职业化的发展路径。从职业院校来讲能够将合适的人放到合适的岗位上发挥最大的教育作用，是其职业院校内部治理的重要内容。班主任的职业效能感高低实质上也是其学校需要重点考虑的内容，在职业院校内部体系中培养好一支能够充分将个人专长与专业特长不断强化而高水平发挥的班主任工作队伍，既是职业院校的财富也是个体的财富。实践检验的职业院校班主任培养体系和比较结果证实，"2+3""1+3""2+2"的班主任专业人才培养模式，特别是东北师范大学、武汉大学等学校的先进经验可以被进一步推广。既能够帮助学校选拔更适合于本校的班主任，又给了职业主体更多的选择空间，形成了良性的双向互动。所谓的专业化是一个过程的概念，具有过程性，要有一定的理智型技术，比如心理学内容、职业规划师、社会调查的技术。通过构建班主任职前人才培养体系，结合完善的职业成长学习系统是帮助班主任职业胜任力提升的重大突破。班主任誓词和班主任职业能力标准的健全，让班主任明白最基本的职业道德，如不得与学生谈恋爱、不可收受礼金等，国家没有具体的要求，没有给班主任专门的要求，这些需要在班主任专业人才培养中体现。很多是班主任的人格品格的内容，应当在作为专门人才培养的过程中具有了一定的符合班主任职业的人格品格基础。在这个行业中你能够判断，能够采取行为，我能够根据学生的各类情况做出科学准确的评估和判断，基于专业的知识为基础，对下一步行为有一定的判断，目前班主任基于经验主义思想比较多。本人认为班主任应该有相应的资历认证机构，如律师协会等，班主任目前只有班主任工作研究会，设在山东大学，主要组织班主任职业技能大赛、班主任访学制度和《职业院校班主任》的选稿出版工作。班主任没有自己的专门组织开展相应的发展研究，而且需要这个组织覆盖到每一位班主任，因此，班主任专业人才培养是一个重要的选择。班主任专业学位硕士的培养是专业人才经过专门的理论、实践和过程的培养过程，与"2+3"等班主任人才选拔机制的结合是一个非常有效的尝试。

综上所述，通过探索尝试建立班主任工作专业学位硕士培养制度，对有志于从事班主任职业的学生进行职前能力建设，这样不仅可以确保职业院校班主任系统地学习职业知识和开展职业能力训练，还可以解决长期困扰班主任的想学没时间学且学了也缺乏指导、不学又干不好的矛盾问题。从源头理顺困难，疏通职业能力建设的路径选择。对于职业院校来说也能够有效地改变新入职的班主任岗位适应困难、工作效果不佳、学校培训成本大等系列的问题，提高学校教师队伍的整体质量。

二、健全班主任准入制度

班主任选拔制度是各职业院校在入口对班主任职业能力的测量，是对有志于从事班主任、热爱班主任职业又能胜任班主任岗位的应聘人员的选拔，这个过程是开放的、公平的人才选拔过程。通过长期的探索，多数职业院校已基本形成班主任单独选拔的招聘制度，各职业院校在设置条件时要求应聘者毕业院校高于或者等于应聘院校的水平，本科院校多为国内高水平大学。研究生为招聘对象的专业要求结果是心理学、思想政治教育、教育学三个专业最受欢迎。而这些都是招聘的基本门槛，从选拔的优先条件来看，男生优先、学生主要干部经历、学生竞赛获奖经历等都会直接出现在招聘公告当中。同时，绝大部分职业院校也启动了对应聘对象的心理测试、行政能力测试、结构化面试等选拔过程。通过严格的准入制度，把好入口关，是提升班主任队伍质量，促进班主任职业能力的重要举措。

　　建立辅制宜做好充分的论证等方面进行谋划。从国家层面而言，应在原有的制度体系基础上完善准入机制。由于人的适应性培养、经验总结、技能提升是一个循序渐进逐步发展的过程，由此看来，班主任的职业能力建设必然是一项系统的周期性工程。加上班主任工作的内外部环境的不断变化和工作对象的独特性，对新进人员能力水平素质进行科学化的评估选拔，抓住关键起点是保障后期培养的重点，同时也是班主任快速成长的重点。目前各地各职业院校都有本土化的政策，但主要缺乏指导性的文件。而新时代正在全面落实全国职业院校思想政治工作会议精神，中共中央、国务院印发了《关于加强和改进新形势下高校思想政治工作的意见》进一步规范了工作环境，不失为国家对班主任选拔出台必要的制度和政策文件的良好契机，从而从制度和政策上确保把真正愿意做班主任、真正适合做班主任、能够将个人能力素质外化为教育行为的优秀人才选拔到职业院校班主任岗位上来。教育部最新颁布的 43 号令《普通高等学校辅导员队伍建设规定》进一步规范了队伍建设的目标、内容及方式，对班主任职业能力需求的内容进行了新的改变和扩充，而对普职融通能力要求的增加与改变也就意味着班主任必须做出相应的提升与改变。同时，《普通高等学校辅导员队伍建设规定》还提出了要不断提高班主任职业能力发展的专业化水平的总要求，但就具体如何提高还需要出台相应的政策，从而通过高度重视和不断凸显入口的关键重要性，来确保《高等学校辅导员职业能力标准（暂行）》与班主任人才选拔、培养与考核机制紧密的结合，最终为促进班主任队伍的高质量建设提供保障。然而职业院校在班主任选聘的入口把关上仍存在一些问题，很多职业院校抱着把优秀的人才选进来再培养的心理进行班主任选聘，而选聘中所确立的优秀人才选拔标准常常不是以严格的班主任职业能力标准为参考依据，选出来的人中以管理岗和教学科研岗为职业发展目标的人大有人在，这不仅对班主任队伍稳定性带来冲击，甚至在职业院校班主任职业内部也会造成很大的负面影响，工作质量和能力水平无从谈起。此外，目前职业院校班主任工作评价体系不健全问题明显，班主任工作质量难以评估，教育效果难以体现，再加上一批不以专职班主任为职业发展目标的"临时工"状态的选聘人员的存在，他们以"身在曹营心在汉"的状态开展工作，很难确保思想政治工作能够满足学校的预期和学生需要。

由此看来，尽快出台科学的选拔机制是保障能力建设的前提，从而有效补充班主任队伍，缩短班主任基础素质和能力建设周期，减少班主任队伍内部人员的流失，降低培养成本，最终实现选拔入口有效保障培养和促进班主任职业能力发展的科学模式。

三、完善班主任职业责任制度

职业责任源于角色。"角色"一词源于拉丁语，起初是指戏剧中演员的确定问题。戏剧中的角色是编剧将生活中典型人物及事件通过戏中角色刻画来与社会现实形成连接，让观众形成个体认识。社会角色表现形式往往就是其社会地位的客观反映，一定的社会角色有着一定的社会行为范式，是一定社会地位的表现形式，符合一定的社会规则、社会责任和履行社会义务的要求。职业院校班主任从其社会角色的产生与社会期盼来说，都需要一个在真正实践意义上的角色与职责的明确。从访谈中发现，80%以上的班主任存在职责不明、效率不高的问题，他们的角色使得他们长期处在随时待命状态，长此以往使得很多班主任对不少工作甚至产生恐惧，尤其是大量的繁杂的事务性、重复性工作遇到突发事件的时候。有老师谈道："很多人就认为班主任是杂工的角色，是可有可无的角色。导致学校从领导到机关到学院教学科研的教师对班主任认识参差不齐。一方面是传统认识；一方面是班主任都年轻，得到认可较难。"还有老师说："从整个学校的趋势来说，班主任这个线有一个奇怪的定位，职能部处和院系其他人都认为只要是与学生相关的事情就找班主任，上面千根线下面一根针的现象非常明显。"班主任现在的工作职责一直没有被明确，工作界限不清楚，我觉得任何人给班主任安排工作都需要通过主管学生工作的副书记，需要统一协调。"班主任从产生时是"政治班主任"，但现在政治性似乎有些被弱化了，事务性被无限扩大。多数职业院校都没有严格按照教育部班主任工作制度去运行，班主任的角色和职责被忽视。

以及"班主任是高危行业，一旦学生有事情就是班主任冲在第一线，好像是班主任的事情。学校应该有学生突发事件应急方案和负责组织，由于学校职责定位不清，导致班主任工作缺乏规律意识"。

班主任的工作和生活不能分开，时间观念差，要求班主任住在宿舍，原则上要求班主任在宿舍办公。班主任要有自己的生活，工作和生活要分开，不能把工作填满生活和工作的每一个缝隙。各种各样的活动都要求班主任到场，甚至存在听报告班主任要考勤、上课班主任来考勤的严重错位问题。高等院校班主任有着多重身份和功能，在对班主任职业角色的认识中，最普遍的一个困惑就是"我是谁"的问题。在实际工作中，班主任绝大多数侧重于行政管理和服务，参与教学较少，实践教育环节难于量化。同时，在评定职称与相关待遇既不同于教师，亦不同于管理人员，且各高等院校政策不一，班主任在多重角色模式下不停地转换，基于这些现实，班主任自我认识容易产生混乱，且各高等院校班主任普遍面临职称评定或晋级提拔困惑，也在很大程度上影响了职业的认同。新时期全面贯彻落实全国教育大会精神和全国思想政治工作会议精神，在"双一流"建设的背景下，高等院校班主任作为高等院校思想政治教育工作的专职工作者，依然对所从事职业没有较高的认同，甚至不认同等问题直接影响了工作的质量和效果。从目前的职业角色定义来看，由于班主任具有思想政治教师和高效管理干部的双重身份，从教育职能的发挥和标准来看，可以理解为职业院校班主任的职责复杂程度，从某种意义上来说是高于教师或者管理干部的，而从现实中班主任的社会地位来看，对班主任职业的认知无论是从内部还是外部都与文件所规定的大相径庭，职业角色和定位需要教育部和各大职业院校高度重视，在全体师生中达成共识。

角色的明确是职业院校班主任职业能力建设的关键前提。在职业院校内部能够形成基于职业院校班主任岗位职责为前提的班主任角色定位，特别是在班主任职业内外部体系中形成合理的共识，是解决班主任角色不清、职责不明、定位不准的前提条件。从班主任制度的萌芽到班主任角色的产生都是为了维护职业院校特别是青年学生的思想稳定，以开展政治工作为首要职责，以较高的思想政治工作能力为核心能力。班主任自身"又红又专"的政治基础是其开展工作的基础，也是其自身胜任该职务的基本要求。班主任工作是以"政治工作""思想工作""灵魂塑造"为基本出发点的工作。这与现实中"两眼一睁忙到熄灯，熄灯以后胆战心惊"的职业存在现实出现了较大的偏差。近日，《人民日报》微信端也推送了一篇以"辅导员真实生活图鉴：两眼一睁，忙到熄灯"为题的推文，将班主任每天的主要工作经历做了非常形象的图说。这与访谈的结果完全一致，访谈中发现，很多职业院校都存在着普遍的问题，诸如学生是班主任的学生，学生的问题就是班主任的问题，学生的事情就是班主任的事情等认知偏差，这样的班主任在担任大量的行政事务和职责规定范围外工作的同时，由于大量时间被侵占，难以抽身继续提升个人的职业能力和水平。没有正确地认识这个岗位，把它看成了行政工作，和其他行政甚至和社会的行政岗位没有什么区别，错误的岗位认知遇到职业评价体系必然导致心理创伤，这种认识程度无法与认同、悦纳和归属等形成关系。

班主任主业没做好，副业做不完的问题一直困扰着班主任这个群体。班主任的很多职责在班主任岗位没有分化出来的时候多数是由专业教师来担任的。专业课教师担负着"教书育人"的重要使命，而职业院校教师职责的精细化发展衍生出了班主任这个职业，其独立出来的目的非常明确，是更好地开展思想政治工作。随着高等教育大众化、学生低龄化、基础教育应试化及家庭教育缺位等问题，导致高等教育承担了诸多管理服务的职责，且这些问题朝着越来越多、越来越重的方向发展。这导致大多数职业院校班主任几乎成了学生的"服务员"和"管理员"，应付学生事务与服务学生日常几乎占满了班主任的全部时间和精力，开展思想政治教育的主业似乎被荒废的现象越发明显。国家不断强化班主任队伍建设，明确其职责范围就是为了进一步强化其核心功能的实现。从现在来看，班主任被多个部门"呼来唤去"的现象普遍存在，工作的应然与实然的矛盾冲突对班主任队伍造成很大的冲击。主责主业干不好，职业地位得不到正确的认识，职业认同感、归属感较低，必然导致班主任队伍的不稳定性增强。

因此，从制度层面明确职业院校班主任的职责，就成为解决职业院校班主任能力不足的重要问题之一。在明确的国家政策的基础上，从职业院校领导、职能部门到教学科研岗教师都需要形成共识，在校内外形成角色共识，真正改变一旦有学生就要有班主任、只要学生有问题就是班主任有问题的错误认识，从而减轻班主任所承担的大量职责范围之外的责任和压力。各职业院校党委应指导学生工作部依据教育部关于班主任队伍建设的相关规定和文件的要求，认真贯彻文件精神，从实践层面梳理清楚班主任的岗位设定、职责规范、权利和义务等相关内容，以确保权责匹配。构建多级的明确体系，首先，从分管校领导层面正确认识并合理分工，规划合理的监督保障制度；其次，从行政部门负责人和培养单位党政一把手做起，认真贯彻教育部和学校关于班主任的角色和职责定位，更好地协调好分工和安排具体工作之间的关系；再次，学工部门和各学院分管学生工作的处级干部要真正地将制度挺在前面，告别"老好人"的想法，做好班主任接收指令和开展具体工作的保护和指导；最后，班主任自身要有清晰的角色认识和准确的定位，不能人云亦云，不可稀里糊涂。在职业院校广泛传播班主任基于班主任岗位职责要求不断提升职业能力来发挥教育作用的实践者的意识。

四、构建职业院校班主任工作协同制度

协同是指相互之间干涉能力，以实现一定的共同目标为前提，体现事物整体发展过程中相互协同与合作的关系。习近平强调要努力开创高等教育事业发展的新局面，高度重视并实现高等学校"三全育人"的教育实践局面新发展。全员、全过程、全方位是协同理念的重要体现，班主任要善于通过建立协同理念，正确处理与教师、管理人员以及学生干部之间的关系，搭建协同合作工作平台，发挥个人职责范围内的职能，实现人的全面发展教育目标。要建立班主任个人发展与学生成长成才协同机制，促进班主任能力发展与教育过程的融合。班主任的工作对象是学生，两者之间的关系是"亦师亦友"，是建立在相互了解、相互信任和相互支持的基础上的共同成长的关系。班主任要把握好当代学生的思想行为特点，认真研究成长发展规律，分析学生的优点和缺点，并通过调查研究、谈心谈话、开展校园活动等形式多样的活动引导学生实现健康成长。班主任是学生的最亲密陪伴者，对学生的成长起着积极的"导向"作用，从这一角度而言，班主任工作是一份"技术活"，而大多数班主任比较年轻，陪伴学生度过成长成才中的关键4年，是学生的朋友，他们对学生寻找解决问题的有效途径、培养独立意识和健全人格产生重要影响。班主任工作是一份"良心活"。因此，班主任必须把握好学生工作的度，有所为有所不为，既不能万事包办，亦不能撒手不管，在师生之

间形成规则和边界，促进互相认同的师生关系的形成，在良好的师生互动中获得职业满足感，并提升对班主任职业的认同感。班主任与学生之间的协同机制是班主任职业能力建设的内部机制，是班主任工作实践层面的机制，是动态发展的机制。因此，构建班主任与学生之间的协同成长机制会因班主任个体职业能力水平的差异而不同，如何充分掌握班主任的组织者、实施者和指导者与学生自我服务、自我管理和自我教育之间的技巧，参与必要环节，实现工作目标成为班主任的一项关键能力。

班主任可以清楚地认识到九大职责都需认真做好，班主任岗位从产生到形成今天的职责是从思想政治工作起始的扩展，是逐渐增加和扩充的过程。确保思想理论教育和价值引领的基础地位，坚持做好职责所规定的"应然"促进从业者的职业认同度提升。高等院校班主任的首要职责是思想理论教育和价值引领，其中，思想引导是基础，价值引领是立足点，重思想更要重政治。思想引导是基础，核心要落实在"价值引领"上，因此，班主任这一角色具有鲜明的政治性，从业人员应具备优良的理论素养、坚定的政治信仰、敏锐的鉴别能力和强烈的责任意识，才能在大是大非和原则问题上坚持正确的政治立场和价值选择。在实践中，高等院校要重视党中央相关文件精神的落实，完善和细化职业院校班主任的工作职责，保证班主任回归其本职、承担其责任，发挥其理论教育与价值引领的直接优势，充分落实高等院校立德树人的根本任务，为保证高等院校"培养什么人，为谁培养人"的一流建设目标贡献力量。与此同时，要理顺制度，强化职业院校班主任的职业认同，提升其政治意识、大局意识，通过自学、培训等多种形式，让班主任时刻谨记高等院校班主任工作的重要性和历史使命，从而为班主任专业化、职业化和专家化发展奠定基础。

职业院校班主任的工作肯定不可以孤军奋战，其本身是对学生教育、管理和服务的综合体现，那么必将与教师团队、管理团队和服务团队多个团体构成协作体。教师团队包含班主任所在的思政课教师团队、公共课教师团队、专业课教师团队，班主任通过搭建与教师团队协作的学风建设路线，通过学生活动学术化路线，进一步发挥课程思政的教育作用，是提升班主任工作水准的重要途径。这也能够从一定意义上利用了学生对学术权威的信任而发挥的思想政治教育功能，同时也回避了部分班主任思想政治教育能力不足的问题，丰富了教育途径和扩大了思想政治教育工作队伍。当下充分发挥"大学工"的团队作用是提升班主任职业能力的主平台，首先学生工作行政部门要搭建起班主任能力提升的协同平台，将上下级关系转变为纵向发展团队，促使班主任队伍的科学化发展；其次是班主任各团队间的协同关系建立，包括以建立起共同研究方向、主要专业特长一致性等不同类别的工作协同团队，更大范围地开展工作实践和理论研究；再次是同一单位内部班主任的协同体系建设，回避大而全的工作模式，以专项工作、专人负责的模式减少公共事务的重复性劳动，提升团队的工作效能感。构建起班主任与非学工部门的协同工作系统。班主任的工作职责非常明确，也有着国家统一的职业能力标准。一是学校在内部治理体系中要完善各部门的职责，进一步理顺工作对口关系，从学校行政部门层面形成较好的工作协同，尽量避免班主任直接面对行政部门领任务的现象。二是完善学生管理和服务的制度体系，提升学生的规则意识，建立起学生与职能部门的直接关系，建好线下"学生事务服务大厅"和线上"电子服务一站式办事平台"等方式来降低班主任事务服务成本就是非常好的办法。三是提升学生敬畏规则的意识。目前，各职业院校都有非常全面的学生管理制度，可以说基本上可以满足学生正常的校园学习生活，而现实执行过程中总会有忽视制度或者超越制度权限的现象，主要是由两方面原因导致的：一方面是学校没能够真正地执行制度体系，导致学生对制度的认可度不高，从而使制度形同虚设，没有效力；另一方面是学生对制度不了解、不清楚，学生在无制度束缚下凭借个人认识行事的现象较多，导致秩序混乱，一但出现问题难以弥补或直接与学校发生冲突。鉴于此，我们应该在制度的应用上提出明确要求，对所有的教职员工进行制度执行培训和监督，使其按照法治化理念进行工作。学校应该在新生入校时就为学生做好学校规章制度的学习与遵守签署，增强法治意识提高法治素养。公平公正的制度体系有利于减轻学校的纠纷问题，让班主任把更多的精力和时间专注于主要职责上来。四是营造良好的个人成绩与团队绩效的共享融合关系。要正确认识职业院校班主任工作效果的慢效应性、繁杂性和不确定性，班主任们很容易与职业角色分离，表现在不能合理定位自己、没有规划，不能沉下心来思考并开展工作，以至于"骑驴找马"的现象普遍，缺乏自己明确的职业目标和理想，势必影响到对职业的认同感。

建设好班主任与学生的协同系统。"师生共同体"可以理解为有共同愿景的师生，在生活、学习、工作中形成有效互动，逐渐形成你中有我、我中有你、同发展、共成长的班主任与学生之间良好的关系模式。班主任自身发展与学生成长成才是同向同行的，目标一致、利益一致，是共同体的关系。班主任要把握当代大学生的思想行为特点和发展规律，分析学生的优点和缺点，并通过调查研究、谈心谈话、校园活动等多种形式引导学生健康成长。班主任与学生之间，有所为有所不为，既不能万事包办，亦不能撒手不管，彼此之间形成规则和边界，从而形成互相认同的师生关系，并在良好的互动中得到满足，提升对班主任职业的认同感。一个可行的制度安排是建立平行发展体系，围绕主体工作创造工作业绩并形成工作成果，以此来提升职业认同感。一是把握好学生成长成才与班主任自身职业发展规律之间的关系，不断地将工作实践转化为研究成果，将学生成长过程中班主任工作的具体实践和取得的成效转化为成功的工作案例进行推广，并著成研究青年学生成长成才的文章成果参与考核和职称评定。二是践行"理论和实践研究"的岗位职责，青年学生成长的每一个阶段都是一项好的研究课题。关注学生多层次、多样化的需要，多角度、多维度地对学生成长进行阶段化特征分析，发现问题并解决问题，提升班主任工作质量，助力一流人才培养。三是职业院校班主任要成为"一专多能"的高水平思想政治工作者将岗位职责的全内容进行总体落实，不可直接选择某些自己认为擅长或者放弃所谓的不擅长的某项职责，要按照班主任职业能力素质要求全面开展职业训练才能满足学生成长需求。四是与学生之间相互信任，形成良性的合作关系，在相互支持中学习成长，构建一个畅通的相互交流沟通的渠道，使学生能公开地表达自己的感受和意见。

班主任工作协同制度的构建是解决现实困境的重要突破口，也是必然选择路径，是班主任回归职业本位的重要制度。促进班主任的队伍建设，特别是能够帮助班主任职业能力得到更加专业化的发展空间和时间，形成了内部健康发展的有效机制的同时也促进了职业外部的理解和认同。

五、改进班主任考核评价制度

靶向引导机制是对班主任职业能力建设具有明显的直观有效性的管理机制。评价本身具有典型的导向性、激励作用和监督作用，是满足职业主体实现职业目标的积极因素。通过对班主任可量化的显性职业能力的测评与难于量化的隐性能力评估相结合的形式，不断澄清影响班主任工作实际成效的能力因素，不断形成班主任主体的内外部共识，达到评价有效与班主任发展共赢的目的，从而形成评价与能力提升的良性互动。正确利用好科学的评价体系能够帮助班主任实现过程行为与目标行为之间的有效平衡，通过评价达到激励和促进班主任发展的作用，班主任个人能力和水平的不断提升也能进一步促进组织工作产生绩效，最终实现既达到组织绩效需要又促进班主任个人发展的实际效果。班主任职业能力评价的功能主要发挥评估、导向和激励之间的相互促进的作用，引导班主任朝着正确的行为方向发展，帮助职业院校班主任管理部门形成科学的选拔与培养发展体系，同时形成有效的比较，激励团队及个人朝着更高的目标奋斗，从而不断提升个人能力的发展。

班主任职业发展双通道模型（如图 3-1 所示）是当前大部分职业院校对职业院校班主任发展制定的发展模型，通常被称为"两条腿走路"。班主任选择管理通道的发展模式和专业通道的发展模式都各有利弊，因此需要班主任正确评估自己并做出正确的选择。管理通道是职业院校管理干部的发展通道，其主要体现的是上下级关系，此通道相对来说是比较完善的体系，每一个层次也有明确的选拔制度，但存在着评价标准不明确、考核内容难量化和主观人为因素等问题。从专业职称通道发展的指标体系来看，绝大部分职业院校也基本上实行了班主任职称单独评聘的办法，但其评聘的标准多数是在教师评聘的标准上适度降低标准和加入了研究要以学生工作为主、成果要体现学生工作等要求，这些硬指标体现了明显的靶向作用，使得选择这个通道的班主任以通过努力达到相应的评聘条件。对于班主任岗位的设置来说，专业职称通道与其岗位职责的履职关系的建立是该通道的难点。往往会出现过于笼统的现象，到职业内部从微观角度来看，班主任职业能力的测评体系是依据班主任职业能力层次结构（图 3-2）具体制定评价考核标准，以此为依据建立起以岗位胜任为靶向的评价体系和职业发展机制更加有助于班主任职业能力建设体系的完善。

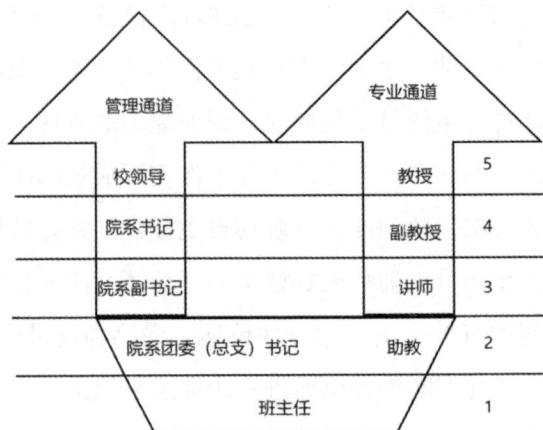

图3-1　班主任职业发展双通道模式

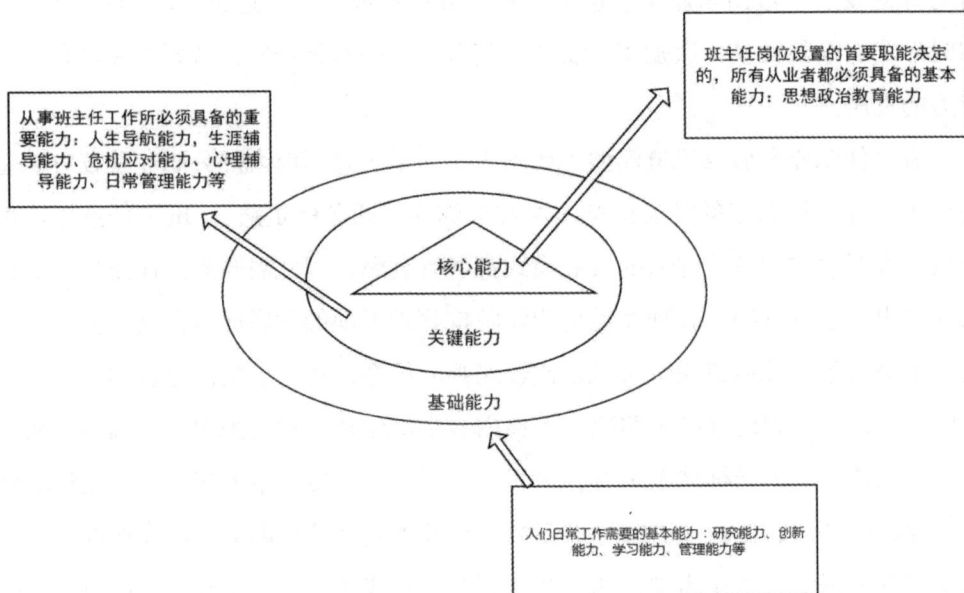

图3-2　职业院校班主任职业能力层次图

班主任的职业能力层次图清晰地展示了班主任不同能力级别对其岗位职责和履职能力的关系。从班主任的核心能力—关键能力—基础能力三个层面去精细化测量，形成专业发展通道是当下国家、职业院校乃至班主任从业者主体需要重点考虑的问题。通过对不同阶段班主任的专业通道能力水平的量化体系建设，并设定与之相对应的发展级别，能够深入职业内部能力体系对班主任真实胜任水平进行测量，是职业院校班主任考核评价制度的改革发展方向。特别是如何运用好新技术强化过程评价系统的建设，去除主观因素的影响，较客观地以促进班主任职业稳定性、工作水平和工作效果为目的的考核评价制度的探索对于提升班主任职能能力建设有着至关重要的作用。以核心能力水平测量为第一出发点构建新形势下职业院校班主任职业考核评价制度体系是教育行政部门及职业院校重要的观测点。

第二节　建立职业院校班主任职业生涯规划体系

职业生涯规划是从业者对自己的人生目标与能力水平之间的合理预判与不断调整，使个人职业发展目标与组织预期高度切合的过程。班主任的职业生涯规划既要看到高等教育事业发展的需要，也要高度关注学生成长成才与班主任自身职业追求的需要，班主任的职业生涯规划建设符合一般从业者职业生涯规划的普遍规律。班主任是在教师职业逐步细化过程中衍生出来的一个职业，班主任职业生涯规划是一个从业者长期从事班主任职业并取得理想的职业成效的过程。班主任职业生涯规划是指职业院校班主任在工作岗位履行工作职责过程中对个人的性格特征、能力水平、外部因素进行反复评估并不断调整，使其能够长期从事并逐步提升职业效能的过程，这个过程包含班主任的内职业生涯规划和外职业生涯规划。访谈中发现，班主任职业生涯规划意识淡薄，往往依附于学校的整体组织规划，对班主任职业发展被动、消极、随波逐流。尽管国家、政府和高等院校出台了一系列关于对班主任职业认识与规划的文件，但班主任自身主体意识不强，职业生涯规划意识淡薄，缺乏对职业的思考和设计，刚入职就想出路的现象非常多。"我的未来在哪里"这种迷茫势必导致职业认同感降低，从而降低了队伍的稳定性和持续发展性。

为适应社会发展需求，提高班主任的综合素质，不断明确职业院校班主任的身份定位和岗位定位，如何建立起科学的职业院校班主任职业生涯规划理论，既能够通过一定的途径来实现个人的全面发展，又能实现班主任在职业院校人才队伍建设上合理搭配，这一问题在我国高等教育的迅猛发展和高等教育普及化的转变等新形势下，已经成为我国高等教育改革与发展面临的重要课题之一。

一、全面提升对职业院校班主任职业意识

提升班主任职业意识是班主任职业生涯规划的基础。随着高等教育事业的不断发展，班主任职责的广泛性和角色的复合性要求我们对其做出新的解释。职业院校班主任岗位职责的扩充性和新事物应对能力需求不断增加，这导致我们需要不断提升对职业院校班主任职业的科学认知，从而促进班主任职业意识提升，形成自觉提升个人职业能力的良好效果。

班主任职业认知是指班主任对从事学生教育、管理和服务等工作的价值、功能、任务，以及自身权利与义务、职业行为规范等的认识乃至自觉。这里体现了个人与组织之间的关系，体现了职业院校班主任个体认知和班主任从业者群体认知，包含了班主任职业价值、职业地位、社会声望、职业体验、职业价值观和职业精神等多个方面的认知。蕴含着班主任的内部认知和对外部认知的正确对待，因此要构建起内外互相促进的职业生涯规划的积极职业认知体系，构成提升班主任职业能力建设的情感基础，是基础上的基础。

从班主任职业意识构成要素（图3-3）不难理解，积极的班主任职业意识影响班主任职业生涯规划自觉性，是从业者是否选择班主任职业并为了能够长期从事班主任工作，不断发展班主任职业具有至关重要的作用。班主任明确职业理想，坚定职业信念，形成以班主任工作价值为个人最大价值，做一个"走心"的班主任，必将成为一名优秀的班主任榜样。因此，班主任个体及职业院校通过在职业培训和学习中增强职业意识教育，在职业能力大赛和年度人物等活动增强班主任队伍集体职业意识，提升班主任队伍凝聚力，完善班主任制度体系中的制度意识，增强班主任发展体系的制度化运作，形成班主任的职业自觉，从而进一步明确工作职责、增强职业归属感和自我效能感、坚定职业态度来促进班主任职业意识的提升，这样的良性循环体系一旦形成，将会使班主任获得更多地提升个人职业能

力的内生动力。

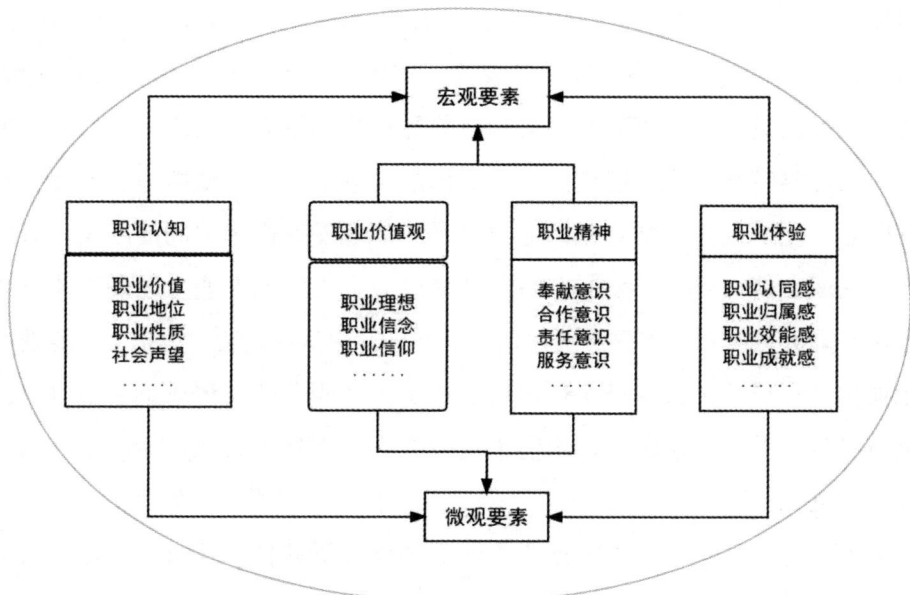

图3-3 班主任职业意识构成要素

二、科学开展班主任个人职业能力评估

评估意味着是否执行，包含着先认清并估计其价值，最终是否被采纳。职业能力评估体系的构建是职业院校班主任提升个人职业能力的科学参考体系，是确保班主任能够朝着正确的方向不断攀爬职业巅峰的导航系统。准确地判断、科学地规划、积极地行动，源于一套合理高效的工作绩效考核评定体系，同时这也是保障班主任队伍专业化建设的重要路径之一。从教育、管理和服务的不同维度对工作效果进行定量比较的同时需要开展定性分析，或者引入量表对教育对象开展测量，将职业能力水平和职业道德素质相结合，将个体职业发展实际与学生成长评价相结合，形成隐性成效与显性成效相结合，最终形成有效促进职业发展的体系，实现班主任职业的创新。班主任职业能力的评估包括内评估体系和外评估体系，帮助班主任科学地开展职业生涯规划需要班主任个人的不懈努力，更需要组织行为确保职业生涯发展环境的不断优化，帮助班主任实现职业能力的提升与职业目标实现的协同作用。

班主任个人职业能力评估内容包含了个人性格特征、职业技能、职业心态与信念。个人性格特征的评估可以通过自我陈述的形式不断地总结反思个人符合高校班主任职业所需求，应该具备的亲和力、友爱、善合作、民主、热忱等，同时也可以通过使用性格、气质量表等开展测量，如明尼苏达多项人格测验、艾森克人格问卷、霍兰德职业兴趣测评等标准化的量表帮助个人更加准确地掌握个人的性格特征。也可以使用一些通用的管理能力、应变能力、人际关系等测试问卷，使班主任清楚自身的能力水平与职业发展需求之间的距离，有针对性地开展职业能力建设计划，并将此计划融入个人大的职业生涯发展体系当中去。这些是班主任对个体内部的评估，是对自我的认识过程，也是个人职业心态和职业信念形成的关键。班主任可以通过班主任职业能力清单不断地对自己能力进行自我检验，并不断地制定能力提升方案，实现个人职业能力水平的不断提高。

与此同时，班主任需要根据个人外部环境分析评估来使自身职业能力建设得到保障。例如，清楚社会的经济文化环境对班主任职业的发展需求，清楚学校的发展现状及发展规划，学校对班主任职业发展的需求。例如，班主任的制度体系、管理作风、待遇政策等等，特别是要清楚学校班主任队伍的长远规划与行动措施。例如，学校对班主任的考评指标是否科学、专业。所有职业院校都对班主任工作定期进行考评，通过形成各校的班主任考核指标体系对班主任的工作进行效果评价，并确定优秀、良好、合格等考核等级，而这些往往与班主任的待遇相挂钩，是直接的物质关心。一般考核其工作成绩都是对班主任常规工作进行评价，主要是基于班主任关键职业能力开展的。大多数学校的考核体系都包含了班主任个人总结、所带学生、所在学院和学校管理部门四个部分的内容，实际赋分多为学生、学院和上级部门（学生处）三项，班主任会根据考核指标体系不断地提升个人职业能力，而这些却不能够全面地考核班主任工作实效，是各职业院校班主任管理部门面临的重大难题。对班主任的职业态度、职业信念、职业信仰的考核体系需要做出更大的努力才能真正发挥能力导向作用，就像当前的考核结果与待遇相关，是物质的激励机制，然而对班主任职业意识、职业精神的激励体系构建是班主任开展职业能力评估较难体现的。各职业院校都高度重视班主任工作考核，充分发挥其导向作用，最终目的是促进班主任自我提高与进步,然而从物质激励实效与当今社会经济环境的发展来看,效果可想而知。只有通过强化评估体系的精神鼓励和物质激励,不断提高班主任的认同感和效能感,帮助班主任不断坚定班主任职业信仰,将其作为个人为社会发展贡献力量的唯一载体,无怨无悔奉献终身。

各职业院校要建立起定量与定性相结合、过程与结果相结合、体系内与体系外相结合,注重工作实效,坚持师生公认,学工体系内认同的制度评价体系。形成多维度、全体系的评价、考核和监督机制,加大对班主任职业社会声望的舆论氛围营造,促进班主任对职业积极认知。此外,对考核不合格的班主任要有惩戒措施或退出机制,这对班主任的个人职业发展和学校学生工作队伍都是重要的保障。不断健全完善班主任的评优表彰机制,对考评结果中的优秀班主任要定期组织参加省、地区、校级优秀班主任的评选活动,调动班主任工作的积极性,通过对评优和考核机制的结果与班主任个人职业发展的有效互动,如国家级别的实践奖励或先进个人对照到个人职务或职称晋升的加分条件当中来。评价体系的完善与构建能够促使班主任队伍不断地提升自身职业能力建设。

三、及时明确班主任个人职业方向

目标引领方向,人一旦有了清楚的奋斗目标,就有了准确的前进方向。一个人渴望成功,就必须给自己确立一个明确的目标,目标一旦确立,什么应该做,什么不应该做,为什么做,为谁而做,都将一目了然,从而在目标的指引下,朝着正确的方向不断努力,最终实现既定目标。班主任职业规划是能够帮助班主任对自身未来职业生活的科学设计,是立足现实条件,尽可能全面权衡个人发展条件,制定明确的职业发展方向和目标,真正意义地实现个人职业价值与班主任团队建设的有机统一,这有利于班主任更清楚自己的职业行为,对职业目标起到积极的作用。职业发展愿景因人而异,第一种是目标取向型的班主任,经过对自己性格、价值分析等选择班主任职业,坚持不转岗,终身从事班主任;第二种是作为党政后备干部,根据工作需要,当前广大班主任主要的发展途径是转为管理干部;第三种是经过一定的实践锻炼后转到教学、科研、实验等岗位;第四种是现代无边界职业生涯的一种现象,遇到好的选择就离开,选择更好更适合自己的职业，从而告别班主任职业。而对于当前我们开展的班主任职业能力建设的研究来说，主要是对长期从事班主任职业，以此为个人理想职业并为之全身心奋斗的过程研究。

班主任在个人岗位上经过专门化的学习和训练形成了个人职业发展特色和职业发展方向，如学生心理健康教育与心理辅导工作、学生职业咨询、学生价值观教育、思想政治教育大数据研究等等，以此成为个人专门化的工作，这也成为其工作特长和优势。如果评价保障体系不完善，甚至由于看不到理想的目标而无法树立起追求走职业化发展道路的信心和决心，那么班主任职业必将成为从业者转向其他岗位的跳板，因此，要充分发挥方向与目标对职业生涯的导向、调节、激励作用。班主任职业生涯目标的设定是其职业生涯规划的核心，而职业生涯规划是对未来职业发展方向的一个总体规划，在方向确定以后，关键在于采取适时、适度的行动。正如彼德·德鲁克指出的那样，"再好的计划也只是计划，只是良好的愿望"。因此，要确保职业方向与目标的实现必须采取一系列具体的措施和策略。班主任要不断确定个人职业方向与目标且实现适时适度的目标调整需要通过不断的职业实践。班主任在工作过程中除了做好分内的工作之外，还要主动承担一些责任重大的工作，并能够高质量地完成工作任务。

四、不断加强职业能力素质提升

以职业能力为导向的职业院校班主任专业人才培养体系正在逐步形成，各地各高校在不断加紧对班主任的培养方案的改革，进一步强化培养过程的重要作用，以强化实践能力和优化班主任能力结构为重要突破口。高等教育正处在由大众化教育阶段向普及化阶段转型，面对教育对象、特点、载体、环境的深刻变化，体现出显著的时代性与创新性，班主任只有具备了与时俱进的能力素质才能够通过运用新技术、掌握新知识和使用新方法来迎接新挑战。只有转变观念，提高水平，才能增强工作的科学性。班主任职业能力的提升既是社会氛围营造与促进的需要，也是新形势下职业院校发展必不可少的部分，更是班主任个体职业自觉的必由之路，构建出新时代职业院校班主任职业能力建设意识提升的互动关系（图3-4），社会支持、组织动力和个人努力构成有机统一体，确保以能力为导向的班主任职业意识被进一步加强。形成班主任职业内外部生涯体系对职业能力提升的参考体系，帮助实现更高的职业胜任水平，是班主任职业能力提升意识的全方位思考。

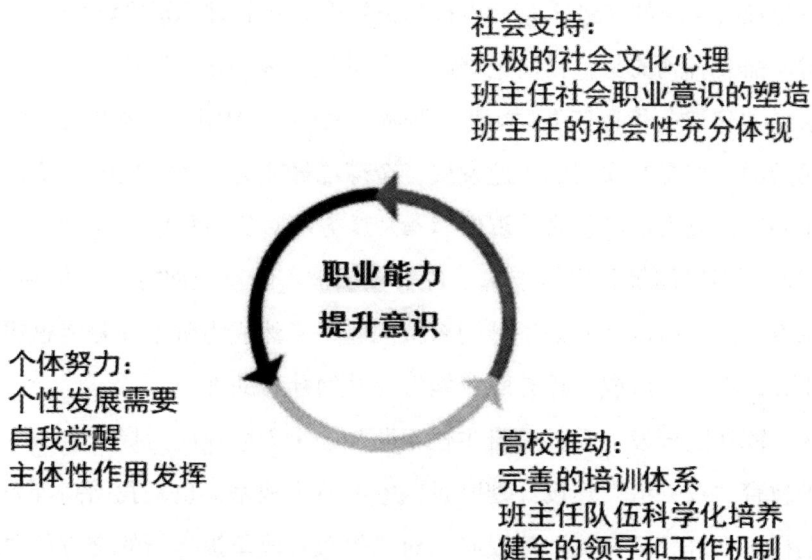

社会支持：
积极的社会文化心理
班主任社会职业意识的塑造
班主任的社会性充分体现

职业能力
提升意识

个体努力：
个性发展需要
自我觉醒
主体性作用发挥

高校推动：
完善的培训体系
班主任队伍科学化培养
健全的领导和工作机制

图3-4　班主任职业能力建设意识提升互动关系图

首先，社会支持是促进班主任不断加强个人职业能力提升意识的环境助力。社会文化心理对人从事某项事业有着很大的作用，往往是促成或组织某种行为的无形力量。建立好的社会支持体系帮助班主任形成积极的社会文化心理，从而促进班主任通过提升职业素质、职业技能和职业阅历，丰富人际交往、扩大职业网络，建立多重的校内外工作关系，从中寻求好的人际支持和职业咨询，并不断调整个人职业行为正向发展。人工智能时代的到来给各行各业带来了极大挑战，大数据技术的广泛应用，媒介素养能力的广泛提升等等，都为班主任职业发展带来新的奋斗方向。班主任最为关键也最为核心的工作是思想政治教育，同时肩负着更好地为组织和学生服务，开展工作事务，学生指导等工作，工作内容包括多项学科和专业知识领域。随着高等教育综合改革的深化，班主任队伍的重要性日益强化，班主任不再是一项"万金油""可有可无"的职业。学生的教育、管理和服务工作个性化特征越来越明显，社会对人才的需求分工越来越精细化，与之相适应的社会和职业院校对班主任职业的能力素质水平提出了更高的要求，对班主任的培养和管理制度配备也更为专业，由此体现出班主任较高的社会影响力。班主任职业发展趋势将涵盖鲜明的专业标准和稳定的专业地位，在班主任职业的专业化和职业化程度水平要求越来越高的大环境下，班主任职业能力水平的提升是班主任适应社会需求的必经之路，也被积极社会文化心理无形推动着。

同时，需要看到的是，目前全球政治力量呈现多元化的形势，经济一体化的进程加快，共建"一带一路"，构建人类命运共同体等国际战略格局需要，各种思潮风起云涌，加之互联网的飞速发展，全球已经成为一个开放的系统，国际的多元文化冲突正成为不可忽略的重要因素。西方敌对势力利用人权、民主等问题，通过互联网、多媒体等新媒体技术，各个领域被不断渗透西方的思想和价值观。这些文化方面的矛盾以及意识领域的对抗问题，必然成为班主任开展思想政治教育的重要关注点，也形成了核心职业能力提升的社会助推力。

其次，职业院校发展是促进班主任不断加强个人职业能力提升意识的重要保障。高等教育"双一流"建设计划既是国家的重大战略，也是我国高等教育发展的必然选择。推进"双一流"建设必然对高等教育改革提出新的全方位要求，班主任作为我国高等教育中不可或缺的重要组成部分，只有不断增强高度的职业认同，立足"立德树人"工作岗位，守好学生思想政治教育责任田，当好学生健康成长的知心朋友，坚持久久为功，才能确保青年学生的成长成才与国家发展同向同行，从而成为"双一流"建设的助推器。伴随着大学扩招的加快，职业院校教育改革的深入，职业院校生源结构越来越多样化，学生思想和素质差异增大，心理问题也日益复杂。职业院校发展的根本是人才培养，人才培养质量的评价体系源于学生社会适应能力的不断提升。2013年5月14日，习近平在天津和高校毕业生、失业人员等座谈时，总书记问村官杨代显"情商重要还是智商重要？"杨代显回答"都重要"。因此，为了使学生得到全面发展，更好地应对世界的变化，担负起时代的重任需要更加完备的学生工作体系，班主任工作成为实现这一目标的重要途径。学生工作的复杂性促使职业院校实现班主任职业逐渐走向规范化，规定专门组织和专员管理，并把构建教育、管理、服务于一体的专业体系提上日程，这都要求作为学生工作者的班主任必须与时俱进地转变工作观念和提高职业专业化水平。此外，高等教育的国际化接轨要求班主任必须具备职业能力提升意识。为加强国际的交流，使我国更好地参与经济全球化竞争，因而通过培养国际化人才来提高我国的国际竞争力，促使高等教育逐渐与全球接轨，这对职业院校班主任的专业能力、思想水平以及政治修养提出了更高的标准和要求。为此，职业院校班主任必须不断总结实践经验，建立职业知识体系的学习途径，探索出国际化的专业知识体系，应对新形势下的工作需求，不断朝着职业化发展方向奋斗。

职业院校要通过建立系统的班主任培训体系、科学化的队伍建设机制和完善的管理与工作机制，帮助班主任形成提升职业能力的制度保障和发展自觉。制度建设是班主任职业化、专业化的基础，而科学有效的培训体系是核心手段，队伍整体建设是班主任职业发展的组织基础。职业院校的发展进入了新的平台、新的轨道，内涵式发展、质量的竞争使学校更加注重精准、精确，职业院校已经进入瞬息万变的竞争体系之中，大类招生、就业难、考研难、创新难等等各类问题成了人才培养的关键难题，班主任工作要适应高等教育发展的需要就不得不将职业能力建设置于不断发展和变化之中。因此，职业院校的发展促使体制机制及保障体系的不断跟进，为职业院校班主任职业能力提升提供了重要保障。

最后，个体的全面发展是班主任不断加强个人职业能力提升意识的源泉。马克思·恩格斯指出，"在任何情况下，个人总是'从自己出发'"，班主任要实现个体人生理想关键是通过个人职业梦想的实现来保障一切期待的出现。个体的全面自由发展是班主任个人职业能力建设的原动力，个体能够按照个性化需求不断学习、磨炼、实践，最终实现个人职业目标。班主任所承担的工作任务包括思想教育工作以及各种事务性工作，工作范围广，强度大。由于工作内容的冗杂性，使得班主任队伍长期以来存在着不稳定、专业化水平低的问题，而职责不明、定位不清、结构不合理、发展不明确等一系列问题也正在制约着班主任队伍的发展。而在当今这样一个知识更新速度快、信息化快速发展的社会，班主任要在社会中谋求更好的发展，不断提升专业素养和知识储备，实现自身专业化的发展就成为明智之举。一方面，班主任主动经过专业化的培训不断提高自身素质，这样能保证更好地持续地为学生提供优质、专业化的教育与管理服务；另一方面，按照《高等学校辅导员职业能力标准（暂行）》规范班主任职责、健全班主任的发展与管理机制，能够更好地妥善处理好社会认同问题。班主任自我意识的觉醒是班主任将自己作为研究对象，深入思考和研究个人的价值，通过提升个人职业价值认同来强化个人的职业意识，个体不受社会意识及组织意识的影响，形成主体极度认同的社会角色，从而大大促进班主任对个人职业能力提升的愿望，形成了职业能力提升意识的无穷之源。

综上所述，职业院校班主任的工作关系到立德树人的根本问题，关系到高等教育为国家建设、社会发展、民族振兴输送什么样的人的问题。学生普遍处于稳定心理结构形成之前的不稳定阶段，他们的自我认知、社会关系等尚处于萌芽阶段，而大学阶段正是他们人生发展过程中重要的心理发展转变时期。受阅历的限制，学生对学业的迷茫、情感的困惑和就业的压力等多重困难的冲击，急需外界的有效帮助，这就要求班主任不断实现专业化发展来更好地满足学生的成长需求，引导学生走出思想困境。学生的问题具有典型的时代性、发展性，极大地拓展了班主任开展新时期职业院校思想政治教育工作的职业空间和职责范围。因此，推动职业院校思想政治教育工作不断向纵深发展，通过加大社会支持，完善职业院校的保障体系和增强班主任个人职业意识来加强班主任个人职业能力提升意识，推动班主任职业不断实现专业化发展的重要途径。

第三节　促进职业院校班主任的职业认同

"职业认同是主体对具体职业的角色认知、情感体验和行为倾向，也是个体从自己的经历中逐渐确认自己为某一职业角色的过程。"既指一种状态，这种状态体现了班主任对自身所从事职业的认同程度，它同时也是一种过程，这个过程体现了班主任从自身工作实践中逐步完善的自我角色确认的过程。班主任职业认同是增强职业归属感的基础。班主任在职业活动中明确职业目标，以专业化职业化培养的途径，全面提升自身的综合素质能力的过程，最终实现理想的职业目标。班主任职业认同关系结构图（图3-5）清晰地分析出个体认同、学生认同、学校认同、社会认同四个方面的统一和相互影响，其中学生认同、学校认同、社会认同直接地影响着班主任自身职业认同度的高低。同时，个人情绪因素、社会地位因素、福利待遇因素、成长经历因素也对自身职业认同度有着重要影响。

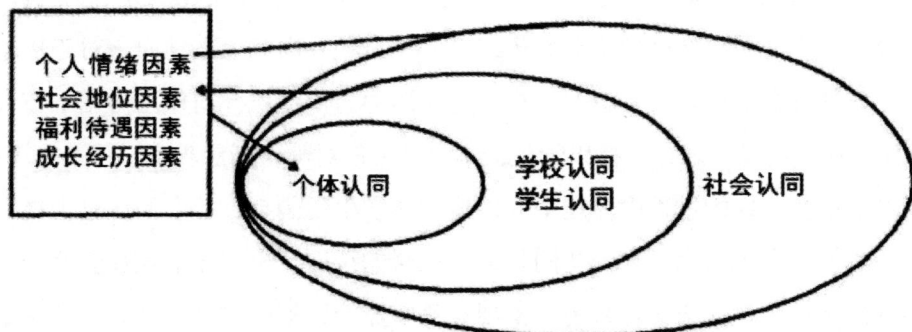

图3-5　职业院校班主任职业认同关系结构图

一、营造良好的职业院校班主任职业的社会认同环境

环境（environment）包括自然环境和人文环境，社会认同环境属于人文环境研究的范畴。无论是自然环境还是人文环境都会对人的思想、行为和情感产生影响，开放的、阳光的、积极的正向性环境帮助人充分利用环境的有利的向上的因素来消除负面的落后的价值影响，从而帮助人与环境的高度契合，实现人的才智的充分发挥。亨利·塔菲尔的社会认同理论将个体认同与社会认同做了明确区分，班主任的个体认同较之对班主任群体的认同是班主任职业认同在社会认同理论中的核心。班主任能够正确认识自身所从事的职业，对班主任职业群体产生认同，同时形成职业内部的偏好并不断地对群体外偏见形成正确认识，以此来实现个体维护职业自尊。通过职业内外部的对比，不断提升个体对自己职业群体的高度认同是提升职业的社会认同的关键问题。全国班主任职业能力大赛、"全国职业院校班主任年度人物"评选、建设班主任名师工作室、职业院校班主任专项博士培养、全国高校班主任培训基地、教育部人文社科职业院校班主任专项课题研究等工作增加了职业院校内外部对职业院校班主任职业影响力，扩大宣传和影响面，帮助更多社会其他领域的人，特别是学生的家长们对职业院校班主任形成积极的正向认同，在很大程度上能够增强班主任对班主任职业这一群体的社会认同感，体现了极强的激发力和号召力。有研究者谈到优秀班主任基本角色形象："爱的守护者、专业引导者、舞台搭建者和理论探索者。"

班主任处于社会职业环境中，形成一定的社会文化心理，其形成的职业自觉及人际环境对班主任职业角色的认可、职业价值及职业发展状况都产生影响。美国社会学家里斯曼将社会性格分为传统导向、自我导向和他人导向，对于班主任来说这三种社会性格特征都将产生较大的作用力，但他人导向作用占据了较大份额，而且作用明显。教育坚持以学生为本，班主任对学生开展教育、服务与管理，而班主任是在这样的过程中体现个人价值，从学生的满意、社会的认可中提升个人对职业的肯定和认同，这份认同是来自社会的认同。班主任融入社会这个陌生而多变的环境，在社会文化系统中得到自身职业能力素质提升的动力。在整个社会当中，社会认可度高的优势行业享有更高的职业美誉度，这必将促进从业者个体的职业态度和职业信仰的正向发展，并形成良好的循环互动关系。因此，班主任充分实现人的本质属性，在一切社会关系的总和中得到充分认可和认同是需要多系统全方位努力才能实现的。一是加强班主任典型人物、典型事例的宣传；二是提高班主任职业选聘的专业化水平；三是畅通班主任职业的发展通道；四是发挥专家引领作用，这些都是促使更多人对班主任关注的重要途径，促进班主任职业得到更高的社会认同度，从而实现职业院校班主任提升职业能力的内生和外部动力。

二、完善职业院校班主任职业的职业院校内部认同

新形势下高等学校全面开展"双一流"建设，高等学校的内涵式发展、质量之争全面开启，这给职业院校全体教职工带来了新的机遇和挑战。在"双一流"这项复杂的系统工程中，一流的班主任队伍无疑是其中的重要组成部分之一，相应地，必须构建一流拔尖创新人才的成长环境、培养机制和师资队伍，这是系统优化"双一流"工程的必然要求。班主任作为对学生进行价值引领、思想教育的专职队伍，是培养合格建设者和可靠接班人的复合型岗位，使命使然，自觉地对自身职业能力和综合素质进行全面提升，尤其在学生的理想信念、道德观念、价值观念的养成中发挥引领作用。

"双一流"建设对职业院校班主任职业认同赋予了新的内涵和要求。班主任作为培养一流拔尖创新人才最直接的一线工作者，必须对"双一流"建设的时代要求与重要意义有充分的认识，要对"一流"建设标准有准确的把握。"双一

流"建设对职业院校班主任工作质量提升提出了更高要求，对班主任的政治站位和价值目标提出了更高的要求，围绕"双一流"建设，着力强化班主任职业内涵发展、突出班主任工作质量提升。高等学校内部治理体系的科学化程度和具体实施好坏是提升认同的重要保障，班主任作用的校内认同是班主任职业认同的重中之重。形成校内对班主任角色的认同为基础。第一，明确思想导师的政治站位。价值观教育是班主任的主要职责，让学生形成建立起社会主义核心价值观，将这项职责最大化不足为过，这是对班主任职业出现的强力回应。因此，职业院校内部广大师生要形成共识。第二，清楚心灵守护者的重要角色。主要任务是将学生稳定工作作为学生工作的重中之重来抓。帮助学生面对困难挫折、面对竞争压力、面对求职压力、面对情感压力，需要通过经常性的谈心谈话、学业指导、生涯辅导等方式深入了解学生情况，帮助和引导学生正确解决问题。因此，能够让广大学生清楚地认识到当遇到生活困难、情绪问题等生活琐事时及时来找班主任，班主任帮助学生提高个人生活技能、解决情感困惑、调整心理状态，能够保持积极阳光的状态面对学习生活。第三，就业择业的参谋者。就业创业的压力对学生来说日趋严重，班主任帮助学生在就业信息获取、就业政策宣传、职业价值观教育、求职技能提升方面需要做大量的工作。第四，日常生活的管理者。自律、自立是学生修炼的关键课，习惯的养成需要点点滴滴的积累，班主任对学生开展规章制度学习、法制教育，不断增强学生的规则意识和法律观念。不难看出，班主任是个多角色交互定位的群体，很多工作处于工作末端的现状是高等教育客观需求，因此，职业院校创造不断提升班主任职业认同的体制机制。

首先，通过进一步明确岗位职责为增强职业认同创造良好环境。营造良好的职业氛围，让班主任岗位职责上会、发布、上墙，让各职能部门负责人在本部门内开展解读，在具体工作中正确参照，改变对班主任呼风唤雨式的安排工作。其次，打通班主任成长通道，营造科学的竞争环境。当前班主任职业化发展的重要难题就是成长通道不畅通，竞争环境有待改善的问题。对于这些缺乏学理性的实践成果的认可度不高，教授级的班主任凤毛麟角，而且很多到了教授级别的班主任往往也会另谋高就，脱离一线的学生工作。国家也在不断地出台各项激励措施，如东北师范大学王占仁老师、重庆大学蒲青平老师、西安交通大学王远老师等获得思想政治教育杰出人才的称号；大连海事大学曲建武老师获评全国道德模范；等等，这些都将学生一线工作的思想政治工作者培养成了学生工作专家。这是国家所做的示范，很重要的是各地方教育部门、各职业院校应该畅通并完善符合职业院校班主任实际的职称评聘渠道。再次，通过不断完善班主任工作评价和考核机制，让班主任工作价值得以彰显。所谓"十年树木，百年树人"。完善班主任的考核评价机制，首先从职业功能和职业定位的角度出发，合理规划考核的参照体系，明确并量化核心内容，让班主任在开展职业内部规划与外部协调适应的过程有章可循，有所参考，从而不断完善个人职业意识、形成职业信仰，极大增强职业归属与认同。

综上，职业院校内部的班主任职业认同是对班主任职业影响最大、最直接的因素，是班主任感受最强烈的外部认同，实现职业院校内部班主任职业认同保障体系的科学化发展是提高班主任职业战斗力和竞争力的根本保证，是班主任获得职业能力提升的关键因素。

三、促进职业院校班主任从业者的主体认同

工作就是为实现职业本身的力量，班主任工作是班主任能够感受到的职业价值，而这份价值感让班主任感受到欣慰，甚至是巨大的满足。现代科技手段背景下，大学的人文教育被缩水，被质疑，人们常用是否"实用"来衡量价值，然而对于班主任的工作来说是润物无声的过程，因此这是对人的教育和影响深远的人文教育过程，其价值显现过程也表现出深远性。无论到什么时候都有善恶之分、都要反省自己，更要寻找出自己的高贵与美，班主任从业者对自身善的发现、美的发现和不足的反思，最终促使内心深处的觉醒并形成职业自觉行为构成的班主任从业者的主体认同。帮助班主任形成稳定的职业态度，积极的职业信念。坚定职业信念能够帮助班主任更好地支配个人整体职业行为，职业信念一旦形成便有较强的持久性，是班主任职业认同提高的心理动力，形成班主任职业自觉的强大动力、支柱和有效调节，在班主任职业能力建设过程中起到价值导向的指引性作用。

班主任从以下几个方面提升个人的职业认同，进一步坚定职业信念。

首先，客观认识自我。信仰是信念的更高层次追求，然而对于任何事情来说，一旦到了信念和信仰层面，那么精神自觉和行动自觉都将形成，因此，我们也在激励班主任进一步坚定职业信念，并逐步形成更高层次的精神认同。然而现实中我们很清楚，期望越高，一旦失败或无法达成，就会遭受更大的挫折和打击，班主任作为一个从事人的思想工作、精神信仰培育的专职人员，一定要坚持实事求是的务实精神，正确客观地认识自我，为自己确定合理的奋斗目标，并逐步实现才能不断增加自我行为的认同，循序上升并成为自我价值的认同。从而使问题迎刃而解，降低职业倦怠的产生。班主任也可以通过明尼苏达多项人格测验、职业能力测评、霍兰德职业测评等工具不断地认识、完善自我。

其次，做好心理调适。消极的心理应对方式则往往会使人无法通过调整状态而恢复正常心态，班主任可以通过以下几种方法来建立和谐健康的心理。第一，运用积极的心理暗示。劳逸结合才能事半功倍。班主任总觉得有做不完的事情，于是总觉得压力很大。适时休息并不意味着停滞不前，通过构建个人的管理系统，为职业发展创造调适自我的专属实践，这样才能更好地胜任工作。培养个人的职业兴趣点，将兴趣点融入个体职业生活当中，以此为切入点建立起兴趣发展平台，从而建立良好的职业人际关系。通过沙龙、冷餐会等交流方式提高职业技能，同时转移对生活和工作中遇到困难的注意力。坚持体育锻炼，增强信心与勇气等等。能够身心愉悦地从事一项工作，实现精神与物质的协调关系，那么个体价值也会逐步提升并得到认可。

最后，丰富个人知识技能。自信心是认同的重要力量源泉，丰富的知识技能是获取自信心的重要途径。班主任通过丰富的个人知识技能能够较好地处理好个人职业理想与人生理想之间的关系，实现个人奋斗目标并形成不断发展进步的动力，内心的丰盈成为个人自我认同的有力补充。班主任在实际工作中可以通过很多专业技能来确保个人工作的有效开展，这些技能都能够提升工作效率、工作质量，帮助从业者个体增强职业效能感，从而促进个人对职业满意，帮助其形成较高的职业认同。

第四节 强化班主任学习培训体系

学习包含主动学习和被动学习，主动学习是学习者积极的学习行为，被动学习是学习者受组织要求或任务驱动下的学习行为，无论是主动学习还是被动学习都是提升个人知识技能的过程。我们可以肯定人的发展是在不断学习的过程中得以实现的，只有学习才不会被淘汰。因此，班主任的职业能力要在不断巩固基础、传承优良传统的基础上不断学习应对新问题、新挑战的能力，是一个不断成长的过程，而这个过程需要班主任职业主体内外部因素共同努力的结果，包括国家的顶层设计、政府科学有力的支持、职业院校系统的贯彻落实及班主任个体的主观努力相互协调共同作用的结果。构建完整的学习培训体系，是班主任提升个人能力素质的规范化、科学化、有效化的必由之路。通过完善学习培训体系、创新学习方式、改进学习方法等模式，不断丰富班主任职业能力提升的学习培训系统，真正实现理论与实践的有效结合。

一、制定班主任学习培训规划

构建培养、完善与提升一体的班主任"三段式"贯通的能力提升学习培训保障平台，形成职前学习有基础、岗前培训有系统、在职培训有针对、专业培训有保障、学历进修有渠道的阶梯式学习培训体系。职前学习促进班主任全面认识职业，坚定职业选择；岗前培训能够帮助消除恐慌和不适，做好职前的心理和工作准备；在职专业培训是保障职业能力提升针对性、系统性、专业性的重要过程，这样才能确保班主任能够平稳地做好各项工作；学历进修培训能够保障班主任专业能力水平提升、助力个人职业发展的社会促进系统，是提升班主任职业能力的直观评价指标，对促进队伍稳定、科学化发展发挥着核心作用。同时，学习培训系统都少不了班主任个人的主观学习和培训意识、主动性的主体积极性的发挥，只有将职业学习培训融入班主任个人成长学习系统（图3-6）当中，才能全面提升职业能力。

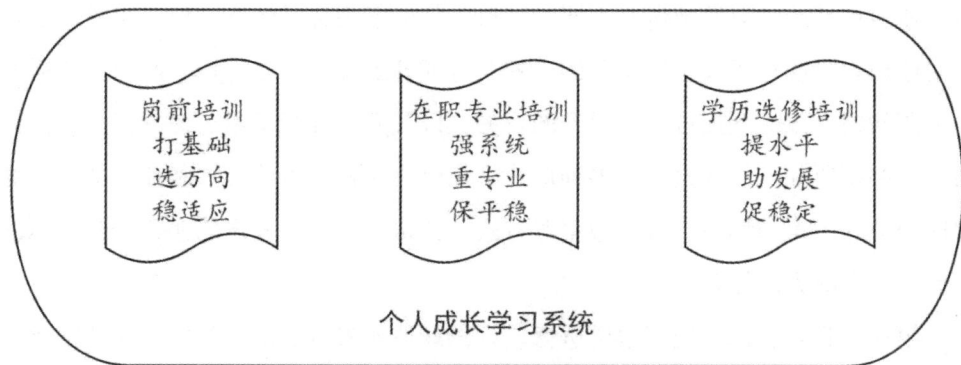

图3-6 班主任个人成长学习系统

第一，集中发力，抓住岗前工作培训的关键起步点。在职前培训阶段班主任需要系统地完成职业知识的集中提升，全面了解职业内容，将个人职业规划与工作需求相匹配，其根本目的在于不断提高班主任开展各项工作的能力素质，使其更加有效地进入工作状态。通过对班主任所需职业知识的系统学习，展示所需职业技能并开展必要的重复训练，能够保障班主任平稳地适应新工作，特别是针对理工科类学科背景的新入职班主任来说，缺乏系统的职业知识和训练基础，这样的职前集中学习培训至关重要。通过学校整体对班主任职业发展设计、职业知识、岗位职责、学生工作规章制度等内容进行培训、职前团体心理辅导等，帮助班主任在职前对未来自己所从事的工作有一个整体的认识，帮助班主任搭建起职业能力提升的第一层台阶。

第二，精准实施，用好在职专业培训的专业提升点。抓好工作节点有针对性地对班主任开展业务培训是在职专业培训的主要内容，对所带学生的不同阶段需求进行能力强化不仅能够减轻班主任工作压力，还能在很大程度上提升工作效率，节约校内资源，防止不必要的问题发生。如新生适应教育阶段，主要对学生开展的是专业认知、集体生活、不安全因素及生活基本问题等工作能力的训练，让班主任精准把握不同时代大学新生的教育问题的能力得到保障。又如对三年级的班主任开展 HR 思维视角下班主任开展就业创业指导能力专项训练，帮助班主任具备应对解决学生考研、就业和创业等问题所需要的能力。对于一年级到二年级学生容易发生矛盾问题的阶段，要开展专门的班主任帮助学生人际交往、心理健康及团队意识等教育能力的训练，这些需要学校和班主任共同协作学习，不断提升能力才能更好地针对性地做好不同阶段班主任的能力提升体系建设。也可以通过班主任构建阶段化成长帮扶团队的模式，定期开展团队工作论坛，研讨交流阶段性工作问题，以达到促进能力提升的目的。以及开展在线学习、专家报告、团体辅导、课题研究、学术论坛等多种形式来强化班主任的理论学习和业务能力。通过挂职锻炼、走访调研、观摩考察等方式，让班主任学习先进的实践经验，以此来促进个人能力的提升。

第三，整合资源，把握学历进修培训的职业发展点。出台鼓励班主任攻读思想政治专业（职业院校班主任专项）博士、出台参加全国职业院校班主任研修与培训管理办法，鼓励更多的班主任到世界高水平大学学习学生事务管理及相关价值观教育的成功经验。特别是继续做好教育部职业院校学生工作者国外研修计划，派出优秀的致力于班主任职业化发展的班主任作为访问学者，赴世界一流大学开展关于学生事务管理及价值观教育的学习研究，并转化为促进中国大学开展学生管理的有效做法，形成研究成果。国家充分利用这些专家资源，在班主任专项博士培养计划中开设相关的课程和学术报告，促进学习成果的推广，让更多的班主任受益，达到能力提升的目的。

二、创新班主任学习培训形式

学习培训的目的是更好地帮助班主任提升工作，并不是在繁重的工作基础上增加负担，造成消极认知，因此，无论是组织行为还是班主任个体行为都应该是一种科学并有效的学习培训方式。班主任通过集中学习与自主学习相结合、理论学习与技能训练相结合、线上学习与线下学习相结合的方式，优化学习的体系结构、优化学习内容，充分实现学习培训的效果。

第一，集体学习与个人学习相结合。开展班主任集中培训是提升职业能力的必选动作，要化解当前职业院校班主任培训工作的难题，首要也是必经的一步就是要把加强集体学习和个人学习相结合。一方面，集体培训学习多为组织行为，是现代职业院校班主任成长为一名合格优秀的班主任必不可少的一个环节，主要包括专业化培训和日常培训。专业化培训包括岗前培训、在职轮训和专门进修培训，为不同职业阶段的班主任根据组织或个人职业需求开展的集体学习过程。因个体职业兴趣、能力素质水平和工作具体需要不同而有所不同，但目前无论是社会相关职业资质学习、教育行政部门针对班主任的专题培训，还是各学校内部的培训都已经较好地开展了集体学习培训的实践探索，为班主任集体学习提供了平台。日常培训是学校定期组织班主任进行业务学习，要通过多渠道、多方式开展浸入式学习，就每一专项业务的不定期培训等等。班主任日常培训主要是应对某一时期或某一具体工作，为确保工作有序开展而开展的应对新挑战、解决新问题的学习培训，具有典型的创新性、适应性和问题性。

另一方面，个人学习是指学习培训的个人行为。班主任职业主体产生的不适应、倦怠及迷茫等问题既有内因也有外因，外因主要源于社会和职业院校的政策保障与具体组织规划，而内因则源于班主任职业内生涯体系与其职业现实的匹配程度，内因的影响力更大，往往受外因影响。班主任需要积极进行自我学习和自我提升，才能真正达到预防职业倦怠，实现能力和素质的提升。首先，认识自身能力，合理制定自我标准。新时代面对百年未有之大变局，使命感和压力感让班主任在积极地调适自我，满足不断变化的职业需求。稳住当下工作，不断适应挑战和压力需要班主任掌握自身的职业能力水平、职业性格特征以及自己的能力差距，只有正确地把握好个人才能够更好地适应环境。从职业生涯体系出发考虑个人的胜任力是激发个人主动学习和训练的无限动力，把自己想做的事情、爱做的事情做好所带来的成就感必将促进个体更加主动正向的发展。如正确看待新形势下职业院校思想政治工作的复杂化明显、学生个性多元发展需求明显、新技术对工作的挑战等带来的诸多能力新需求，调整好心态和工作状态，积极地开展工作，从而使问题迎刃而解，提高自身的应对能力。其次，加强专业学习，改善知识结构。与此同时，班主任要高度重视个人品德修养，培养良好师德。孔子曰："其身正，不令而行；其身不正，虽令不从。"

第二，理论学习与技能训练相结合。理论的学习是为了更好地做好实践，班主任工作的实践性深入人心，而如何将学习掌握的理论知识，通过必要的途径、方法和手段应用到实践当中就需要班主任不断地开展职业技能的训练。如指导学生党支部工作，党的基础知识、党支部工作条例等都是指导工作的理论知识和制度政策，而在具体应用中班主任的应用能力表现出参差不齐。学生党员教育质量需要提高的问题是一个需要长期开展的工作，如何将党支部建设、党员示范作用的发挥应用到提升全体学生的思想政治教育工作当中来是需要班主任学习训练的能力。因此，班主任通过书写学生支部工作案例、录制微党课、组织学生赴爱国基地教育学习等实践技能，这些都是要以扎实的理论功底为前提。另外，强化实践技能训练，提升工作实操水平。召开学生班团会议、做好学生大会演讲、组织开展各项活动、参与学生自行组织行为等，都需要班主任日常强化对当下学生的思想把握和方式选择的掌握，用学生喜欢和能够起到教育意义的手段和方法开展工作既提升了工作效率又减少了矛盾和冲突。可以通过开展专题工作坊、团体项目训练、主题沙龙及专家辅导等多种模式来解决理论与实践脱节的问题，确保班主任工作能力提升的有效性。

第三，线上学习与线下学习相结合。作为新时期的职业院校思想政治教育工作者，职业院校班主任应当能够对当前网络发展现状有较为清晰的认识，而职业院校班主任通过把班主任工作与现代化网络工具的结合，可以在顺应潮流的情况下不断促进大学生身心素质的发展与提升。此外，通过学习、研究和运用网络技术和工具不仅可以实现与"后"学生积极的沟通与交流，同时班主任通过熟练掌握互联网工具，也会对自身理论知识的学习带来积极的影响。班主任可以通过网络平台接受党和国家的理论教育培训，从而实时跟进了解党和国家的最新情况和政策，提高自身的理论和政策素养。学习强国、中国学生慕课等在线学习平台，"职业院校班主任联盟""一直在路上""发哥班主任工作室"等班主任工作公众号和《新华社》《人民日报》《光明日报》《思政学者》等海量的思想政治教育学习平台都成了班主任在线学习的重要载体。这些载体的即时、易携带、便捷性既降低了学习成本，又大幅提升了学习效率。因此，在新时代下，要成为一名合格的职业院校班主任，仅仅依靠线下的集体培训和自我学习还远远不够，必须主动将线上学习与线下学习结合起来，不断提升自身职业能力素养，为班主任工作增添更多的活力，并促进班主任工作的持续性发展。

三、改进班主任学习培训方法

科学的方法能够起到事半功倍的效果，因地制宜、因时而适、因人而异的理念对学习培训差异化设计的重要要求，也是提升职业个体学习效率的重要方法。针对班主任职业的独特性，遵循教育规律坚持因人施教、以生为本的原则不断调整班主任学习培训的方法，起到激励与监督的合力作用，提升班主任学习培训对班主任职业能力建设的正向作用。班主任各类职业能力元素构成班主任个体职业能力系统，是一个有机体，各个能力元素相互作用形成层级关系，如班主任职业能力金字塔发展层级图（图3-7）所示，高级层次以低级层次为基础，上下级层次之间形成相互促进、互相保障提升的关系，底层的能力建设体现出基础性、隐性的特征，越往高处能力特征的专业性、显性特征就越突出。下一层次对上一层次的能力素质有着决定和重要的影响作用，同时，上一层次对下一层次的能力素质产生重要的反作用。因此，通过强化高基层、丰富中间层、筑牢基础层，构建班主任学习培训的科学体系实现提升班主任职业能力的主要目的。

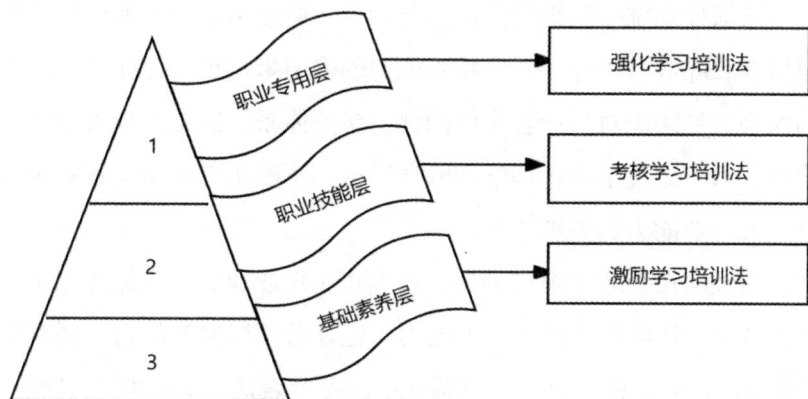

图3-7 班主任学习培训金字塔结构式能力发展图

第一，强化核心内容学习培训法，提升班主任专用职业能力。班主任职业能力体系由众多能力元素构成，个体能力的建设提升必须是通过多种能力元素协同作用的结果，既包括一般的基础素养层次能力，也包括专业技能层次能力，还有职业专用层次能力，由此构成了金字塔结构式（图3-7）的能力发展模式。班主任专业能力层是指班主任履行岗位职责的知识和技能，可以通过培训学习、实践学习和经验总结等方式不断地巩固和提升，该层次的知识技能往往是班主任选择的某一领域的纵深化发展，如心理辅导能力、生涯发展与就业创业指导能力、党员干部的培养能力等等，是班主任职业的专业限定选修课，这些能力需要班主任不断地强化、往复训练才能够确保该项工作的长久化、特色化，使某一方向的班主任能够充分发挥职业特长，赢得更多的自信心。同时，这些能力的范围也在不断地变化，难易程度也随着工作对象的改变而不断变化，但从现实来看，整体上来讲专业技能层次的能力水平要求越来越高，与教育对象的时代特征的复杂性呈正向关系。

第二，考核专项内容学习培训法，完善班主任职业能力提升的监督保障体系。班主任职业技能介于专用能力层与基础素养层之间（图3-7），是关键的桥梁作用，发挥着班主任职业凝聚力的重要作用，保障班主任职业稳定的主要技能，是基础素养向专业技能转换的层级。包含了调查研究、沟通协调、组织管理、创新思维、压力分解，等等，具有方法论、行为学的显性特性。班主任专业技能是学校开展班主任管理评价的主要体系，职业院校通过出台相应的能力素质考核办法，制订专门的学习培训计划统一组织班主任参与学习，通过不定期的测评和考察监督班主任学习培训状况进行跟踪。专业技术能力的强弱影响班主任在该职业体系内发展空间的大小，是组织对从业者个体的评价参照体系，因此，是班主任从业者的职业必修课，只有通过学习培训学懂弄通悟透，不断将理论与实践紧密结合，是实现提升个人职业能力的关键过程。

第三，激励阶段内容学习培训法，夯实班主任职业的综合能力。班主任基础素养层（图3-7）是从业者的最基本能力，也是最深层次的能力，同时班主任品格、个性特征、认知水平、责任心、事业心、态度及表达、交际和解决问题的能力，具有典型的慢效应特征。该层次的能力特征需要班主任对自我能力水平有正确认识，需要有较强的可迁移性，往往也是难于量化的内容。职业院校可通过提供优越的学习条件，直接的学习保障措施来激励班主任不断地提升个人基础层次的素质水平。通过激励班主任自主参加个人基础素养学习培训，促进班主任职业发展激励动机和职业意识的提升，形成内生发展动力，大大提高班主任职业能力的综合化发展。学校赠阅书籍、购买学习资源、提供外出实践锻炼、爱国教育基地参观、文化沙龙、体育活动等多种方式，为班主任基础素养提升创造条件和提供保障。

　　总而言之，班主任的学习培训是实现班主任队伍职业化专业化的必经之路，职业化专业化建设是一项极其复杂的系统工程，既包括理论学习也包括实践学习，学校定期开展专题学生工作研讨会或学生工作论坛，大家通过专家辅导、小组讨论、头脑风暴、经验分享和研究成果分享的形式促进学习。

　　综上所述，提升班主任职业能力建设的路径选择决定班主任职业能力提升的实际效果。高等教育管理部门及职业院校需要进一步完善班主任职业能力提升的政策保障、体制机制和运行模式，通过完善政策制度、强化班主任职业内外部生涯规划、提升班主任的职业认同、完善班主任学习培训体系等系列路径帮助班主任坚定职业理想，提振职业精神，强化职业意识，稳定职业品格，以饱满的热情不断提高自身能力建设，实现个体职业目标与组织职业目标的有效融合，在真正意义上促进班主任队伍职业化专业化建设，使其在职业院校思想政治工作专职岗位上贡献更大力量。

第四章　提升职业院校班主任职业能力的建议

通过研究显示：在职业基础能力方面，职业院校班主任存在着重视日常事务管理能力，轻视思想政治教育能力的困境；在职业核心能力方面，存在就业创业指导能力不足的困境；在职业发展能力方面，存在教育科研能力不强的困境。本章将基于上述研究内容，针对职业院校班主任职业能力发展的现实困境，在纵向上依托职业能力发展的有关理论，在横向上依托人力资本理论，提出相关的对策建议。

第一节　注重职业院校班主任个人多维度发展

从本质上来讲，班主任的工作具有服务的性质，为学生服务，为教师服务，通过服务来促进学生的发展。当前，很多班主任每天在为他者的服务中"消耗"自己，没有多少收获和成就感，没能提升自己的专业能力，更谈不上促进自我发展。即使在服务他者的过程中积累了一些"经验"，但这些经验很可能是缺乏反思、缺乏提炼的"经验"，而非杜威所说的"可以改组或改造"的经验。因此，班主任除了服务学生促进学生发展之外，也同样需要被服务、也同样有自我发展的需要。只有教育者获得了好的发展，受教育者才有获得更好发展的机会，这个道理朴素又重要。对于班主任来讲，只有他们在工作中得到了好的发展，他们指导的学生才能获得更好发展的机会。但是，工作以后班主任不会再有通过系统的、正式的、组织化的、制度化的学习活动获得发展的机会，班主任的发展几乎完全交给了自我。在漫长的班主任职业生涯中，想要做好班主任，就必须把自己发展好，这才能保证在引导学生发展的过程中，能够给学生带来持续的高质量的教育。但是，自我发展越重要，如何实现自我发展就越需要深思。

一、班主任岗位的个人纵向发展

按照职业能力发展理论，职业院校班主任在这一岗位上的纵向发展就是一个"从新手到熟手再到专家"的发展过程，在每一发展阶段过程中对职业能力的要求是不一样的。在班主任这一岗位上他们不断持续地提升自己的职业能力，通过职业能力的发展成为这一岗位上的专家。

（一）注重职业基础能力的新手班主任阶段

对于刚入职1—3年的班主任来讲，这属于"新手班主任"阶段，这一阶段新手班主任对于班主任领域是陌生的，而且职业能力水平有限。新手班主任职业价值观还未成熟，这一时期属于职业的适应期、迷惘期。新手班主任以发展职业基础能力为主，能够培养好日常事务管理能力和思想政治教育能力，就是不错的工作状态和水平。

在"新手班主任"阶段，班主任要和多个学校部门打交道，要当学生的心理咨询师、生涯指导师、安全员等，始终在综合的关系中工作，始终体验并体现着教育的综合性。职业院校班主任主要是通过在明确的工作环境中执行学校的有关通知，按照学生工作的相关规定要求开展工作，如果让他们去独自开展工作，往往会出现茫然无措的状况。

此阶段，职业院校班主任的工作目标是把思想政治教育工作融入学生日常事务工作中，需要他们投入较多的时间和精力在实践中不断积累工作经验，掌握学生工作的规律，提升工作水平，在千头万绪和繁杂的日常事务性工作中逐渐成长为一名经验丰富、日常事务管理能力有技巧、思想政治教育有水平的职业院校班主任。需要说明的是，在"新手班主任"阶段，日常事务管理能力和思想政治教育能力是职业能力中最基础的，也是首要培养和发展的，但也不能完全忽视其他职业能力的培养和发展。

（二）注重职业核心能力的熟手班主任阶段

职业院校班主任在顺利地通过"新手班主任"阶段后，已经能够熟练掌握事务性工作和思想政治工作的内容和方法，当职业院校班主任感到自己能够完全适应并胜任这一岗位时，便把关注的焦点投向了学生，开始由关注工作情境向关注学生发展转变，即迈入了"熟手班主任"阶段，在此阶段职业院校班主任关注的是学业指导能力、就业创业指导能力、心理健康教育能力和危机事件应对能力的发展。对于班主任的工作内容来讲，主要是围绕学生的发展展开，比如学生需要什么样的学业指导？在就业创业方面，需要哪些帮助？学生遇到了危机事件，该如何处理？

在"熟手班主任"阶段，班主任对于学生工作的目标和内容比较明确，对于学生工作具备比较敏锐的洞察力和感知力，除了按照学校的工作规定和要求开展工作之外，还会有针对性地制订学生工作计划，能够灵活地处理和开展学生工作。在该阶段，班主任要找到自己不可替代的领域，然后在该领域进行研究和探索，比如有些班主任心理咨询做得好，就扎根于该领域进行研究；有些班主任微博、公众号的运营能力很强，就会逐渐成为该领域的专家。不管任何一个领域，对于熟手班主任来讲都很难深入下去，一是因为越深入的研究越需要专业的知识积累和实践积累，二是因为学生日常事务工作繁杂会让深入思考和探究变得艰难。

这一阶段对于班主任来讲是一段难熬的时光，成为专家班主任很难找到适合自己的方向，安于现状很难获得高成就感。在该阶段，班主任最重要的就是基于自身的工作实践，坚持和坚守，在不断的探索、碰壁、质疑和坚持中找到自己的方向和奋斗的目标，这里有对班主任职业生涯的思考，对自身成长成才的渴望和对学生工作真正的热爱。班主任在这一阶段的不断发展不能仅仅依赖于单个项目式的培训与训练，而要在与他者的协调沟通中自我锻炼反思，最终成为高度专家化的班主任。这种类型的班主任在日常的学生管理中不断滋养着自己，不断反思成长，这一发展方向具有极强的专业性。

"熟手班主任"阶段在班主任职业生涯发展过程中非常重要，今天的熟手肯定是昨天的新手，但不一定是明天的专家，实际上，许多班主任的职业发展往往停滞在这一阶段，习惯于熟手的角色，仅仅把当下的工作完成好，并没有纯粹从我该成为什么样的班主任而努力，不考虑自己的不可替代性，这样的熟手直至退休也未必成为专家，还有许多班主任在这一阶段离开了班主任岗位，这可能是当前班主任专业化水平不高的一个重要原因。

（三）注重职业发展能力的专家班主任阶段

经过艰难探索和实践，"熟手班主任"找到了自己不可替代的领域并作为职业生涯发展的目标后，进入了"专家班主任"阶段，这一阶段是班主任发展的最终阶段。

班主任在成为专家之后，并非停滞不前，在"专家班主任"阶段他们关注的是教育科学研究能力、工作创新能力的发展。在此阶段，班主任已经成长为既能熟练处理实践工作，又有属于自己的研究领域并能开展专业研究的专家型人才，把工作当成研究来做，工作和研究相得益彰。"专家班主任"是所有职业院校班主任努力的方向，是将来职业院校班主任发展的趋势，同时也是教育主管部门对高校班主任及其队伍建设的特别要求，"专家班主任"就是班主任通过进行某一项专门研究，积累专业知识，提升能力，最终成长为"理论水平深，科研学术精"的班主任。

"专家班主任"具有研究性和创新性两个特点，研究性是指经过"熟手班主任"阶段，他们已经找到了自己的研究领域或方向，能够把实践中出现的问题进行反思和研究，此外还包括班主任要积极参加教育科学研究，善于把理论和日常实践相结合，并把他们的经验升华为理论，在实践中发展理论。创新性是班主任工作发展的动力，创新包括工作方法创新和工作内容创新，专家型班主任的创新性主要是在自己专长的领域里进行，比如一位在职业院校生就业指导领域做得很好的专家型班主任，就利用自媒体拍摄"我为学生找工作"这一主题的视频，将优秀的学生通过网络平台的方式推介出去。只有当班主任把自我发展同专业发展相结合，才能实现班主任更好地发展。

二、班主任校内岗位间的横向发展

班主任的职业发展可以选择的方向非常广泛。班主任可以向上晋升到更高的职位，可以向内达到专家班主任的水平，可以转换到学校其他的岗位，也可以向外寻找兼职或者获得职业生涯的平衡。对于职业院校班主任来讲，班主任从事这一岗位达到某个节点时，职业发展过程必然会面临岗位轮换或转换，或得到晋升，或被迫降职，或调整到其他岗位有一个全新的开始。

班主任校内岗位间的横向发展指的是班主任在工作一定年限后，往往都是带完一届学生，转到行政管理或专业教学等其他岗位发展。根据研究者的调查，转向行政管理岗位的较多，转到专业教学岗位的很少。班主任转向行政管理岗比较容易，是因为，班主任的工作本身就是最为基层的工作，成为一名班主任必须具有较强的综合能力。相对于专业课教师和其他行政岗位，这也是最能锻炼领导能力、组织管理能力且最有发展潜力和价值的岗位。因此，担任过班主任的教师基本上具备了行政领导干部的基本素养，他们理应成为学校未来行政干部的重要后备力量。比如，原岗位在院系的班主任，可以轮岗或转岗到本校学工部、心理健康教育中心、就业中心、人事处、宣传部等部门；原岗位在学工部、心理健康教育中心、就业中心等职能部门的班主任也可以到有代表性的基层院系轮岗或转岗。

据研究者在一所职业院校人事处处长访谈中得知，该校鼓励班主任在不同岗位间进行横向发展，并且看到优秀的班主任会将其调动到新的部门，给予他们新的发展机会，而不是将班主任视为终身职业。这表明，职业院校认为班主任这支队伍需要始终保持动态活力，班主任可以在其职业发展过程中进行多元化的选择。在访谈中，一些班主任表示经过几年做班主任的工作，他们并不太适合这条职业发展路线，认为班主任这个岗位的上升空间已经比较有限，评职称也遥遥无期。因此，这些班主任愿意将自己的工作重心转向行政工作，并且认为从事班主任工作这么多年，他们对学校各个行政部门都有着比较深入的了解，因此他们更适合转到行政岗位工作。这种转岗情况在该校并不罕见，许多行政部门的岗位也是由曾经从事学生工作的班主任担任。

第二节　构建班主任职业能力发展共同体

构建班主任职业能力发展共同体是指，班主任群体之间和专业教师群体之间要相互联动、协同合作，打破相互之间孤立的边界，融合成为相互配合、资源利用最大化的共同体，以促进班主任职业能力的提升。当班主任个体感受到作为群体的一员带来的情感价值，便会提升对自身职业的忠诚度与自豪感，个体也会对班主任群体的组织文化认同与承诺达到更高水平。班主任个体基于对组织价值观和组织目标的深刻理解和高度认可，也会产生正向积极的情感迁移和情感共鸣，从而更加深化班主任的职业认同，强烈的职业认同感意味着能够在学生工作中体会到职业能力的成长，并获得一种成就感和满足感。因此，接下来从班主任、专业课教师这一教师群体和班主任共同体两个层面来构建班主任职业能力发展的内在共同体和外在共同体。

一、构建班主任职业能力发展的内在共同体

在职业院校师资队伍中，班主任队伍算是一支比较庞大的师资力量，在平时的工作和学习中，这支队伍要形成合力，让班主任每个个体感受到组织的温暖，例如一些职业院校成立的"班主任协会"或"班主任之家"就是很好的内在共同体。在班主任队伍中构建职业能力发展的内在共同体，让班主任们互相"报团取暖"，感受共同体的力量。构建职业能力发展的内在共同体主要体现在分享理论与实践经验和主动反思对话两个方面。

（一）职业院校班主任在内在共同体分享理论与实践经验

班主任职业能力的一个很重要的因素，就是要了解职业院校的学生，懂得各种研究职业院校学生的方法。职业能力的大小在很大程度上取决于，班主任是否善于在学生活动中观察了解他们，通过这种田野观察的方法把观察的结果转变或体现为学生管理过程中有效的方式和方法。对职业院校学生的认识首先是由观察开始的，职业院校班主任应该了解他们的心智发展特点，了解影响他们心智特点

的影响因素。因此，要做到这些，班主任就有必要经常和其他班主任尤其是有经验的班主任交流取经，还要经常去翻阅心理学书籍，以便更加深入地思考和理解职业院校学生的行为中出现的这样或那样的现象，这种或那种特点。

但是，对于班主任来讲，实践中的智慧与方法远比书中的理论多。来自学生工作一线的班主任远比处在书斋中的理论研究者所拥有的实践智慧多。然而，班主任的实践智慧是缄默又孤独的，他们处在相对孤立的氛围中工作，这使得他们难以清晰地表达他们所掌握的学生管理经验和他人分享的智慧。班主任的工作环境和工作条件导致他们缺少足够的反思性，以至于他们几乎遗忘了他们在学生实践过程中对问题的深思。正是由于对实践问题缺少足够的反思和记录，班主任们没有从新的实践工作中有所收获，在工作中他们继续重复着同样的错误。

没有他人的支持，没有他人的角度作为参考，没有他人经验的借鉴，没有他人扮演积极的倾听者、陪伴者和净友的角色，班主任的职业能力提升会很难，所以要成立班主任共同体，共同体对班主任来讲非常重要，共同体就是属于他们自己的圈子，只有在共同体中，班主任才能够彼此交流分享实践经验，互相补充理论上的不足，共同迎接专业上的挑战，最终实现真实的持久性的学习。

（二）职业院校班主任在内在共同体中主动反思对话

班主任共同体赖以存在的基础是主动、反思和共享。众所周知，主动学习能够形成比被动学习更为持久的学习效果，在班主任的职业发展中，持久的学习动力产生于班主任在工作过程中成为主动的思考者，他们不是工作中的观众。班主任通过案例探究、共同体之间的对话变得更加主动。作为学校，也要给班主任提供更多的学习交流机会和支持，帮助他们成为实践工作中的主动研究者。仅仅主动还是不够的，班主任还要做到反思。思考他们当下正在进行的事情，为什么要做这些事情，学校也要给予班主任充足的时间来反思，在他们合理地处理学生工作中遇到问题的时候反思为什么能处理好，在工作出现失误的时候思考为什么做错了。反思是班主任工作中的必须要做的事，每一位班主任都有自己独特的个性和思想，如果个体要展现自身的个性就必须分享。一个活跃的能够发挥作用的共同体意味着理论知识和实践经验能够在成员之间传递和分享，每一位共同体的成员都能够主动对话、互相指导。共同体中的班主任们都能彼此尊重，共享智慧，在这里都能够找到归属感，都能去完成比他们独立完成的更为复杂的工作。

班主任工作是一个持续的、不断进行的、逐渐深入的过程，做好班主任工作，我们不能指望班主任们在工作中不断汲取职前教育所学的知识，也不能寄希望于能设计很好的职后培训。可能只有在共同体中，班主任们才能够共同探讨工作中遇到的问题，相互协助、相互支持，进而共同发展和进步。

二、构建班主任职业能力发展的外在共同体

目前职业院校存在以学生为中心的两大系统，以班主任为主体的学工系统和以专业课教师为主体的教学系统，长期以来，这两大系统由于缺乏有效的协同机制，常常是"各吹各的号，各唱各的调"，都累得昏天黑地，工作的效果却并不理想。需要说明的是，本节所指的专业课教师包括思想政治教育学科的教师和学生所学专业的专业课教师两个类型。在第五章中，研究者经过调查也了解到，班主任每天都在处理学生的日常事务性的工作，更多的是从生活上关心帮助学生。一方面，班主任与思想政治教育学科教师接触少，对学生思想政治教育理论知识和实践方法掌握不够，导致对学生的思想政治教育不理想。另一方面，班主任与学生所学专业课教师接触不多，对学生所学专业不了解，导致对学生的就业创业指导缺少办法，这些严重影响了班主任的思想政治教育能力、就业创业指导能力的提升。此外，与专业课教师接触少、交流少，很少参与专业课教师的科研，也严重影响到班主任自身的教育科学研究能力的提升。因此，班主任要和思想政治教育学科的教师和学生所学专业课教师共同构建职业能力提升的外部共同体。

（一）班主任要和思想政治教育课教师共同搭建班主任思想政治教育能力提升的外部共同体

思想政治教育工作需要课堂上理论知识的讲授，更需要班主任在平时与学生接触时适时地进行启发引导。班主任和思想政治课教师在大学生思想政治教育工作开展中各有优势、互为补充，思想政治教育课教师在思想政治理论素养，新时代思想政治理论宣传等方面具有优势，班主任在大学生思想政治教育工作中能够做到有的放矢和全方位覆盖。因此，要做好学生的思想政治工作，就需要班主任要和思想政治教育课教师共同搭建班主任思想政治教育能力提升的外部共同体。

借助这一共同体，班主任可以从以下三点来提升思想政治教育能力。第一，班主任依托学校马克思主义学院，积极向思想政治教育课教师学习，不断强化党的思想政治理论学习，筑牢思想政治理论基础。第二，针对职业院校学生的特点，精准开展思想政治教育，及时掌握职业院校学生的思想动态，注重在职业院校学生成长的重要节点加以引导。第三，在职业院校学生思想政治教育的形式和内容上，更要根据职业院校学生喜欢的方式开展教育活动，班主任要充分利用好课外活动进行引导，比如，在迎新生活动、毕业季活动、重要节庆日等活动中让大学生感受不一样的思想政治教育。

（二）班主任要和专业课教师共同搭建班主任就业创业指导能力提升的外部共同体

班主任对学生所学专业不了解，导致就业创业指导工作在工作内容和工作方法等方面与学生所学专业融合不够，这严重影响了班主任就业创业指导能力的提升。因此，要提升职业院校班主任就业创业指导能力，班主任就必须要了解学生所学专业的专业课程、人才培养方案、培养目标等内容，这就要和专业课教师联合组成就业创业指导队伍，以"互联网+"大学生创新创业大赛和大学生就业指导为抓手，把专业课教师在对学生就业创业指导方面做出的贡献纳入年度考核，积极吸引专业课教师加入学生的就业创业指导教师队伍中来。班主任通过和专业课教师组成大学生就业创业指导教师队伍，积极搭建外部共同体，进而了解学生所学专业，最终提升自身的就业创业指导能力。

（三）班主任要和思想政治课教师、专业课教师共同搭建班主任教育科学

研究能力提升的外部共同体当前，职业院校学生的生源结构、学生特点、职业观念等方面都发生了很大的变化，为了适应并有效应对这种变化，班主任要和思想政治课教师、专业课教师一同探究不断变化的职业教育发展环境、职业院校学生的不同特点等问题，来提升他们的教育科学研究能力。因此，班主任要和思想政治课教师、专业课教师共同发起成立学生发展中心。

在学生发展中心，班主任和思想政治课教师、专业课教师定期研讨在工作实践中遇到的各种思想政治教育、专业课教学、心理学和教育学上的问题，讨论采用何种方法能够解决学生工作和教学实践中面临的困难或复杂问题。例如，自媒体时代如何做好职业院校"微党课"研究？采取哪些手段能够让学生所学专业知识与实践更结合？怎样才能更好地培养学生的职业态度？为职业院校班主任参与教育科研提供平台，不断提升教育科研的积极性，提升教育科学研究能力。

第三节　完善职业院校班主任工作机制与条件保障

很多研究者都在呼吁给教师减负，却很少有研究者呼吁给班主任减负。其实班主任的精力和体力都是有限的，"两眼一睁，忙到熄灯"的工作节奏只会将他们的精力耗尽，使得他们疲于应对当下的工作。因此，班主任也要减负，减轻职业院校班主任不合理的负担，进一步明确班主任的岗位职责，改变班主任重日常事务管理的"面面俱到"的粗放型管理模式，保证班主任有静下来的时间去反思、去从事教育科学研究，把其工作重心转移到思想政治教育上来，把思想政治教育工作作为一切工作的落脚点和出发点。针对职业院校班主任不合理的负担导致他们职业能力发展的现实困境，提出以下应对策略。

一、优化班主任的工作时间

虽然国家和学校并没有明文规定班主任要 24 小时保持手机畅通，但是在班主任入职培训时，学校会向班主任说明他们需要保持"在线"状态，这也就要求班主任随时随地都得能够为学生、家长提供服务和帮助。因此，许多班主任表示他们经常加班，甚至没有太多的双休日。这种加班可以分为主动加班和被动加班两种情况，主动加班是因为学校会进行各种检查和评估，而班主任需要扮演多重角色，在各种检查和评估中投入大量的时间和精力。被动加班则是因为学生出现问题，例如学生之间打架、心理问题或生病等。

这种工作状态让班主任的工作压力很大，也让他们的时间非常紧张。许多班主任表示自己没有所谓的加班时间，因为他们的脑海中一直有着大量的工作任务和责任。即使是在吃饭时间或周末，他们仍然需要为学生和家长提供服务，处理问题。这种工作状态可能会影响班主任的工作和生活平衡，需要学校和社会给予更多的支持和关注，让班主任能够更好地发挥自己的专业能力和职业价值，同时也保障他们的身心健康。

为了减轻职业院校班主任不合理的负担，就要合理优化班主任的工作时间。一是班主任要给学生明确自己的工作规则。刚入学时，班主任就要告知学生如果不是紧急又重要的事情，尽量不要在非工作时间打电话。让学生知道班主任的工作时间，这也是在培养学生的时间观念。这样班主任才会有自己的生活，才能把生活与工作分开，不会被工作累垮。

二是合理配置工作时间。班主任在每天工作开始之前，最好将手头上的工作进行分类处理，把不同性质的工作安排在不同的时间段完成。例如，上午九点之前往往是很少有学生和同事打扰的时候，这个时候可以做一些主题班会策划、档案整理、备课等工作。在访谈中，也有不少班主任都会提到吃完午饭，他们都会到学生宿舍兜一圈，利用这个时间去检查学生宿舍有无违章电器使用，或是在宿舍和学生谈心聊天。

三是保证职业院校班主任个人学习时间。在调研中，研究者发现职业院校班主任静下来的时间很少，这是一个普遍而且突出的问题。没有静下来他们如何反思，怎么实现教育科研能力的发展？因此，在职业院校班主任工作时间中，要给他们留出学习反思的时间。例如，可以把每周的周三下午空出来，留给班主任他们自己支配，不给他们安排任何与工作相关的事情，让他们利用这段时间去做教育科研、自主反思、读书学习或班主任团队拓展等活动。班主任可以在这个时间来到"班主任之家"坐坐，或是去"班主任茶吧"喝喝茶聊聊天，一来可以加强班主任的彼此交流，还可以让他们在工作之余得到休闲放松。

二、明确班主任的岗位职责

明确班主任的岗位职责就是要让职业院校班主任每个人都明确自己在学校中的位置，清楚自己的工作范围和工作职责是什么，知道自己接受谁的领导以及在工作中需要具备哪些职业能力才能完成自己的工作任务。但是在实际工作中，职业院校班主任的岗位职责并不十分明确，以山东省某职业院校班主任的岗位职责书为例，学校规定班主任的岗位职责包括：1.协助系主任做好学生思想政治教育工作，提出本系学生工作的计划；2.协助团总支抓好学生团支部建设，做好学生干部的选拔、培养和教育工作；3.配合系副主任抓好本系学风、系风建设；4.配合实训部，做好实习学生的动员和毕业生的就业指导；5.完成系领导、团总支、实训部交办的其他工作。岗位职责书的前4条确定了班主任接受谁的领导，要做哪些事情，但是第5条完成系领导、团总支和实训部交给的其他工作就存在很大的弹性。在领导眼中，只要是和学生相关的事情，都是要由班主任来处理，这进一步增加了班主任的工作负担。此外，职业院校的班主任是在院系党政领导下开展工作，但同时还接受学校学生处的指导和考核，实际上是接受院系和学校学生处的双重领导，这容易让班主任产生自己只是一个"上传下达"中介的认知，往往会把自己的主职主业忽略掉，不利于他们的职业化发展。

因此，要减轻职业院校班主任的工作负担，明确班主任的岗位职责。一方面，班主任的岗位职责要作为制度明确下来并严格执行。职业院校要立足本校实践，科学制定本校班主任的岗位职责，不能有模糊地带，要明确工作范围和边界，让班主任安心从事学生的思想政治教育工作。根据学生工作的具体内容及需求，将部分事务性工作细化分配到院系各职能部门，从而实现专业化、精细化分工，把班主任肩上的担子"减轻"，为班主任开展"专职"工作腾出精力，使其有时间和精力不断加强各专业技能的学习，更好地开展思想政治教育工作。

另一方面，"班主任就是万金油，人人都可以当班主任"，要改变对班主任这一肤浅且粗俗的认识，要尊重班主任作为专业工作者的专业性。在明确职业院校班主任的岗位职责之后，从职业院校领导、各职能部门到专任教师都需要达成共识，改变以往只要学生出问题，就要第一时间找班主任的错误认知。班主任自身也要有清晰的角色认识和准确的定位，应该在繁杂的日常事务管理工作中不要忘了自身的"主业"，耕种好思想政治教育的"责任田"，不能"种了他人的田，荒了自己的地"。班主任更要意识到他们并不是"上传下达"的传输器，他们对于如何开展学生工作，如何了解学生思想动态有着自己的理解。班主任对自己的工作有热情，他们能够为工作认真付出并体验到工作的内在乐趣。班主任并不是谁都可以替代的"毫无技术含量"的流水线工人，他们能够将工作建立在了解学生并且研究学生的基础上，能够对自己的工作进行统筹策划、整体安排，能够在工作过程中总结提炼、反思改进,从而不断激发内在活力并在工作实践中呈现丰富的创造力。只有这样,才会有更多的年轻人愿意当班主任,我们的班主任才可以从繁杂的事务中解放出来,成为专家型的优秀班主任,更好地充当学生的引路人。

三、保障班主任的工作资源

德梅鲁蒂(Demerouti)等人在《倦怠的工作要求—资源模型》中提出工作要求—资源模型,认为社会心理的工作特征被归为两类:工作要求和工作资源。工作要求让人们感到压力过重,工作资源能够让人们在工作中减轻工作负担,减轻心理压力。该模型启示我们,减轻职业院校班主任的工作压力,就要为他们提供充足的工作资源。

一是增加职业院校班主任的编制。职业院校班主任工作时间长、工作负担过重,与班主任的数量不足有密切关系。按照《普通高等学校辅导员队伍建设规定》,"高等学校应当按总体上师生比不低于1:200的比例设置专职辅导员岗位"。在研究者的调研中,有六成多的职业院校未达到1:200的标准线。为此,一方面各职业院校要认真落实《普通高等学校辅导员队伍建设规定》的要求,加强专职班主任编制配备,同时,还要配备少数民族专职班主任。另一方面,国家每年在班主任培训方面会组织很多培训,但其中不少是重复式的培训,这种重复式的无效培训既占用班主任的时间,也浪费国家的资金,倒不如把一部分培训经费拨到增加职业院校班主任编制上,多增加人员编制,减轻班主任的工作负担,让班主任有时间去反思提升教育科学研究能力。

二是要重视班主任在工作中的多元需要。班主任也是人,在工作实践中也存在多元需要。比如对尊重的需要,对与工作相关的物质条件的需要,对自我成长的需要等等。这些需要的满足,不仅能够促使工作更好地完成,而且将更大地激发内在动力和促进自我发展。

三是把班主任的发展放在同专业教师同等重要的地位上。各职业院校要重视班主任的地位和作用,不要把班主任当成只知道完成任务的执行者,班主任是大学生思想政治工作的重要主体,他们与学生接触最密切,他们的工作质量直接决定着学生对学校的认可，这关系到学校的声誉和专业的声誉。

第四节　优化职业院校班主任职业发展与培训机制

职业院校班主任这一群体既了解如何开展学生工作，也知晓学校行政管理部门的运行，还掌握教育教学的方法，这一群体思维活跃、朝气蓬勃、充满干劲，尤其是随着职业院校教育的快速发展，职业院校班主任队伍也在不断扩大，而且越来越呈现年轻化、高学历化的趋势，这个群体是职业院校具有发展潜力的人力资源。从人力资源开发的角度来讲，人力资本包括劳动力的质量和数量，数量可以通过招聘来解决，质量主要是指班主任的职业能力，提升职业院校班主任的职业能力，能够充分发挥职业院校人力资本的优势。舒尔茨认为，人力资本是投资的产物，并在人力资本投资5个分类中列出"在职人员培训"，可见，培训是人力资本投资的重要手段。班主任的职业能力不只是在学校教育中培养出来的，更是在整个职业生涯中逐步形成的。因此，要特别重视班主任的在职培训。培训工作要贯穿职业院校班主任职业生涯的全过程，尤其是针对新手班主任更要加大力度进行培训，接下来，主要从优化新手班主任的入职培训，完善非新手班主任的在职培训和改进班主任在职培训的形式三个方面来进行阐述。

一、优化新手班主任的入职培训

有的研究者对高校优秀班主任成长路径进行了探索，成为一名优秀班主任必须要重视入职教育、优化组织环境和完善发展机制。可见，入职培训对于一名班主任的成长非常重要。作为一名新手班主任，入职培训为顺利进入班主任角色，将来独立开展教学和学生工作奠定了重要基础。

一所现代化高质量发展的职业院校，应该从提供高质量的新教师培训开始，从高等职业教育质量保障的角度来讲，新手班主任培训的目的主要包括两个方面。第一，提升新手班主任对职业院校的历史、使命和价值观等方面的认同感，为职业院校能够实现其使命贡献自己的力量；第二，提升班主任在教育科研、就业创业指导、思想政治教育等方面所需要的职业能力，帮助他们能够更好地适应岗位。

入职培训阶段，新手班主任结合日常工作进行系统学习，培养实践工作能力和作为一名思想政治教育工作者的崇高使命感，这对新手班主任的成长是极其重要的。据我们研究了解，新手班主任的培训往往周期短，一般一个星期，最长一个月。培训内容主要是传授理论，培训形式更多以讲座的形式展开。借鉴日本职教师资培训经验，我们建议新手班主任要进行为期一年的有组织有计划的培训。在进修的时间上，每周保证在校内进修一天（一年不少于 60 天），不占用休息时间。校外进修一天（一年至少 30 天），不占用休息时间。

校内培训，以"老人带新人"的形式进行，由经验丰富的班主任作为师傅对新手班主任的工作任务和工作方法进行专门指导。师傅根据新手班主任的个性和业务能力发展状况，根据新手班主任在学生工作中遇到的实际问题，一起寻找解决问题的办法。新手班主任在校外培训，主要是通过讲座和实习，参观相关企业，增加各种职业体验。此外，还要加强对新手班主任如何与行业及政府部门合作，获取有关劳动力市场和行业趋势的资讯，指导学生学习和做出职业选择，帮助学生顺利实现从学校到职场的过渡。对于新手班主任校内和校外培训，可以确保这些班主任日后能够胜任一线的学生管理工作，使得班主任在职业发展之路上的步伐更加坚实。

二、完善非新手班主任的在职培训

和新手班主任相比，非新手班主任在职培训机会较少，为了持续提升班主任的职业能力水平，对于非新手班主任提供分层分类的在职培训计划，可以按照从教年限划分为具有 6 年、12 年、18 年及以上学生工作经历三类，分别在各个阶段安排必要的在职培训活动。

具有 6 年学生工作经验的班主任对于基本的日常事务性工作非常熟悉，但是对班主任工作的认知还不稳定、教学技能还不成熟、处理突发性事件方法不多。因此，继续加强对这类班主任使命感、教学技能、学生突发事件指导等方面的培训，进修时间一般为 10 天。

班主任们都讲，有两类班主任，一类班主任有着十几年的学生工作经验，另一类班主任有着十几遍一年的学生工作经验。工作12年的班主任都已具有丰富的学生工作经验和教学经验，所以，从经验中学习与把经验只当作经验之间存在着巨大差异。任何一位从事多年学生工作的班主任都有经验，但是如何对待这些宝贵的经验，却是大不相同。他们需要的是如何将经验经过反思形成理念进行分享，向专家型班主任转变。因此，需要加强对他们进行理论知识的培训、引导以及教育科学研究能力的提升，进修时间一般为30天。当前，要努力做到班主任职业能力与高校思想政治教育要求同步，这就需要要求班主任对学生工作实践有更深刻的体认，对学生工作经验不断持续提炼。

工作18年及以上的班主任都已经成为这个群体的骨干、专家，他们在各个方面经验都非常丰富，并且在这一领域具有自己的特长。这类班主任要追求卓越、创新，围绕这两点进行培训，以不断适应职业教育发展。

三、改进班主任在职培训的形式

要提高班主任的在职培训实效性和针对性，重点在于改进班主任的在职培训方式。在新时代，班主任更加关注职业能力的发展，什么样的在职培训才是最有效地提升班主任的职业能力？在笔者看来，案例研讨可能是班主任职业能力提升的一种强有力的路径。

通过组织小范围的班主任工作案例研讨会，班主任们的工作案例经过讨论得以丰富并成为他们对话的焦点，这时案例就脱离了个人私有经验的身份，进而成为班主任共同体话语系统的一部分。在研讨会上，让来自不同院系的班主任们展示并共同讨论他们自己的案例。对于年轻班主任来讲，这是一次难忘的经历，更是一次很好的学习交流的机会，因为他们把自己的工作视为一种能够与其他同行专业人员分享的学术形式。案例是对过去经验的再经历和反思，回忆、陈述、再经历和反思的过程，也是从经验中学习的过程，我们不仅仅是从经验中学习，更是通过对经验的反思来学习。

班主任们在案例研讨中，把彼此的案例相互交流，案例与案例之间彼此联系，同时也把个人经验与他人经验联系起来，班主任们通过对话研讨，对这些案例加以分析、阐释、比较和分类，使这些案例被理论丰富，并丰富理论本身。

从案例本身来讲，案例具有内在的反思性。班主任们通过回顾自身鲜活的经验，发现那些值得记录的事件，实际上是一种再认知。即使没有撰写过案例的班主任，参加案例研讨时，也会激发他们对自身经验与行为的再认知。

第五节　完善职业院校班主任职级晋升与评聘制度

任何职业的发展都要有一个清晰的职业发展路径、明确的职业发展目标，只有这样，个体才能有针对性地促进职业能力的发展。尤其对年轻的班主任来讲，随着刚入职时的工作激情和工作干劲的退去，都会更加关心自己未来的职业发展规划。职业院校班主任未来的出路在哪里？他们的职业发展通道如何？这会是每一位职业院校班主任在职业发展过程中都认真思考的问题。目前职业院校制定的有关班主任的职级晋升评聘的政策中，都对班主任职级晋升单列指标，实施单独评审，这似乎充分考虑到了他们的职业发展需求，然而在现实中，职业院校班主任的亲身感受如何呢？恐怕并没有政策设定的那样对自己的发展未来信心十足。

为了拓宽职业院校班主任职业能力发展路径，需要基于职业院校班主任职业能力评价标准从评聘主体选择、评聘过程管理和评聘结果运用三方面来改进职业院校班主任职级晋升评聘制度。

一、促进评聘主体选择的多元化

所谓评聘主体，指的是评聘活动的主导对象。目前，在大多数职业院校的班主任评聘中，主管部门是最大的评聘主体，一切都由他们说了算。这很容易导致班主任评聘制度的行政化、绝对化。在职业院校班主任职级晋升评聘时，应该采取班主任主管部门、班主任本人、同行和学生共同参与评聘，避免评聘主体的单一化、片面化和局限性。尤其要重视班主任本人的自我评价和同行、学生他者的评价。班主任可以结合职业院校班主任职业能力评价标准进行自我评价，这样就能够认识到自己的不足和优势，起到自我反思、自我调控的作用。同行和学生的他者评价可以弥补个人评价的片面性，增强评价的客观性。这样，就从原来的自上而下的评聘转变为主管部门、部门内部同事和服务对象共同评价，使得评聘结果更加客观、更加全面，并根据评聘结果给予相应的奖励和晋升机会。

二、提升评聘过程管理的科学性

在评聘过程中，不能简单将工作年限、科研成果、获奖证书等作为评聘班主任的依据，要坚持过程性和结果性相结合，更多关注班主任的职业能力发展。在评聘过程中，需要关注结果性的可以量化的因素，更要高度重视非量化的因素。量化的因素主要是指，可以直接填写到评聘表格中的数字，比如工作年限、论文、著作、课题、获奖证书、所带学生人数等等，这些在评聘过程中可以直接算分。非量化的因素指的是那些无法填写到评聘表格中，无法直接算分但是又能够提高班主任职业能力、形成职业声望的因素。过去我们都很重视量化的指标而忽视非量化的因素。评聘过程中的非量化因素广泛存在于班主任的工作中，比如带领学生组织学生活动，指导学生升学，帮学生找工作，对学生有爱心等等，这些都会影响学生一生，甚至一些促进学生成才的重要因素同样属于非量化因素。

在班主任评聘过程中，注重班主任的非量化因素，非量化因素主要是指职业院校班主任的职业基础能力、职业核心能力和职业发展能力，才能让班主任感受到只要把工作做好成为学生心目中的好教师，就能够得到学校的重视和尊重。

三、加强评聘结果运用的合理性

在调研中，研究者发现很多职业院校把班主任的岗位职级分为五级，根据职业院校班主任职业能力评价得分，可以将评价结果分为优秀、合格、一般合格与不合格四个层级。评价结果可以作为班主任职级晋升评聘的依据，评价优秀的班主任可以获得相应的职级晋升，评价合格的班主任要注意拔尖，评价不合格的班主任要注意补弱。针对评价合格的班主任，要注意哪些职业能力是需要进一步提升，学校要帮助班主任持续更新知识、提升职业能力，在津贴方面也要做好保障，这与其他教学工作同等重要。这样就能对他们起到很好的激励作用，促进他们发展职业能力，体现出自己的价值，实现学校和班主任的共同成长。针对评价不合格的班主任，学校要意识到评价只是手段，目的是要以学生工作为基础，激发班主任的职业能力，更要对这些班主任在政治待遇、业务待遇和经济待遇上特别照顾。如果两次评价不合格的班主任，则要将其调离班主任队伍。

第五章 班主任专业化相关理论概述

在当今的教育领域，班主任专业化已成为一个备受关注的话题。班主任作为学校中最重要的教育管理者之一，其专业素质和能力对于学生的成长和学校的发展具有至关重要的影响。本章将概述班主任专业化的相关理论，包括专业与专业化、班主任专业化内涵的理论研究、班主任专业化发展的特征分析以及中职班主任专业化的主要内容。通过了解这些理论，我们将更好地理解班主任专业化的重要性以及如何推进班主任专业化发展。

第一节 专业与专业化

一、专业

对于专业的理解，学者们的观点各不相同。叶澜教授在《教师角色和教师发展新探》中认为：一种职业要发展成为专业，要以专业的理论为基础，专门的技能为保障，不但要担负重要的社会职责，还要具有本行业内的专业性自主权。社会学家布朗德士认为专业是正式的职业，在从事这一职业前，要经过以智能为特质的岗前训练，学习相关的知识和其他扩展的学问，既不同于纯粹的技能，也不是单纯的谋生手段。因此，衡量从业者职业成功的主要标准并不是他所获得的经济回报。我国学者刘婕在《高校辅导员专业化建设探析》中对专业的理解是：专业是一种特殊的职业，它是在社会的分工、职业的分化中逐步形成的。从事这一特殊职业的人要通过科学的训练或特殊的教育来掌握高深的知识技能，从事专门性的活动，以此来促进社会进步的专门性的职业。陈永明教授在《现代教师论》

中认为专业是"在社会分工、职业分化中形成的一类特殊的职业，它以有生命或无生命的物为对象，以特有的知识技能进行专门化的处理活动，从而解决人生和社会问题，促进社会进步"。

尽管学者们对专业的理解各不相同，但大多数学者都一致认为专业是一种具备专业知识和专业技能的职业，它比职业具有更高的要求、更高的标准。

二、专业化

专业化是一个社会学概念，其含义是指一个普通的职业群体在一定时期内，逐渐符合专业标准、成为专门职业并获得相应的专业地位的过程。职业的专业化过程是社会历史发展的必然趋势。

当前，学者们对专业化的认识各有不同，主要集中在以下方面：

（一）个人专业化和群体专业化

专业化包括两个方面的内容，个人专业化和群体专业化。个人专业化是指个体通过不断的学习，逐步掌握本行业的知识和技能，提高个人素质的动态过程。同时也是个人内在专业化逐步提高的过程。群体专业化是群体为了实现一定的社会价值，在提高所从事行业的专业化水平的同时，力争社会对本行业的认可程度。个人专业化和群体专业化是相辅相成的。个人专业化是群体专业化发展的基础，也是群体专业化的本质所在，群体专业化又是个人专业化发展的必然结果。

（二）社会学范畴的专业化

焦文铭在《再论高校学生工作的专业化》中指出社会学范畴的专业化是"一个职业经过一段时间后不断成熟，逐渐符合专业标准，成为专门职业并获得相应的专业地位的动态过程"。由此可见，专业化是促进一个专业不断发展的过程。专业化可以从动态和静态两个角度来理解：动态的专业化是指一个普通的职业依据一定的专业标准，逐步获得相应的专业化地位而成为专门职业的过程，而静态的专业化是专业性质及发展所处的水平和状态。

综合以上两种观点，专业化不但可以看成专业发展的结果，也可以看成专业发展的过程，是指一个职业群体不断提高自身的专业能力，努力争取专业地位，从而成为专门职业的动态过程。

第二节 班主任专业化内涵的理论研究

人类自从有了教育，教师便应运而生，在经历了"长者为师""能者为师"等阶段后，教师也势必会形成自己的专业。尽管用专业标准衡量教师专业还不成熟，但人尽所知，教师（包括班主任）育人的专业难度，要远远超过其他专业。由于教师专业知识结构具有发散性，职业道德行为的要求和原则有一定的抽象性，教师职业行为复杂、多元，以及教育效果的检测、评价方面存在世界性难题，因而，教师专业不可能像其他专业那样简单、具体、规范地制订标准。广大班主任教师处于学校的教育前沿，他们在与学生沟通互动中探索和总结了大量带班育人的方法和经验，班主任以其独特的专业特征，逐渐从教师专业中分化出来，成为新的专业。"班主任"这一岗位经历着从"无"到"有"，从"有"到"专业化"的不断发展丰富的变化过程。班主任的专业化发展水平也正受到关注和重视，这为广大班主任个体的发展提供了很好的机遇。

国内学者们对于班主任专业化内涵的钻研有着各自不同的见解。王海燕教授提出了班主任走向专业化的根本标志是班主任能够在工作中善于并及时地发现教育的真正内涵，赋予教育实践以真实的教育意义，努力在教育实践中去探寻教育的价值，这是班主任教育专业精神的重要体现。

班华教授认为，班主任的教育劳动与非班主任的教育劳动有许多共同性，但也有自己的特殊性，在其专业劳动的职责范围、教育责任的侧重点方面有所不同。班主任除了通过教学实施教育外，更重要的，也是与一般任课老师的不同之处，是通过发展性班级教育系统实施教育。班级教育系统所概括的各个子系统是在系统整体诸多要素中抽取主要的、稳定的要素，这些要素相互联系、相互作用。

黄正平老师的观点是班主任专业化既是一种目标，也是一种追求。班主任在形成专业意识、提升专业情感的同时，需要相关的、健全的制度做保障，班主任要在教育教学实践中提升个人的素养、实现自主发展和自我超越。班主任专业化是一个辩论的、持续的发展过程。班主任专业发展包含了"五个统一"，即群体专业与个体专业发展的统一，学科专业发展与教育专业发展的统一，学习研究与实践反思的统一，保障与自主发展的统一，职前培养与职后培训的统一。

杨连山老师在《班主任专业发展的基本特征》中认为班主任专业化是有标准可循的，即班主任要具备相应的学历，能在教育工作的实践中不断更新育人的理念，逐步树立与时代发展相适应的素质教育观，能够严格履行教师的职业道德规范，肩负起班主任的职任。班主任要具有高尚的人格，做学生的楷模；树立终身学习的理念，掌握深厚的专业知识、专业能力和专业技能，学习班主任工作的最新理论，在实践中加以运用；能以先进的德育理论管理班级。

冯建军博士在《班主任专业化初论》一文中认为：第一，要正确认识班主任专业化的价值，对班主任专业化的核心和内在标准要有统一的要求；第二，要构建班主任专业化的培养体系，无论是职前还是职后。第三，要制定班主任专业化的制度并不断地完善。

陈静老师在《职业学校班主任专业化发展的路径探究》一文中认为，"班主任专业化是以教师专业化为基础，经过长期培养训练，逐步掌握教育学、心理学与班主任工作的专业理论和知识，形成班级德育管理和团队建设的能力和技巧，并能针对出现的新问题、新情况加以实施，保护学生利益，以学生的终身发展为价值追求，同时不断提高自身的学术地位和社会地位，全面有效地履行职责"。

综上所述，国内的许多专家学者们都从不同的层次、角度对班主任的专业化发展进行了研究，在班主任专业化发展理论的构建、班主任专业化发展概念的界定、班主任专业化的重要性、班主任专业化内涵，班主任专业化发展的路径及班主任专业化素养的研究上都取得了一定的进展。

本章主要探讨的是中职学校班主任专业化发展的问题，中职学校的班主任，既不同于高等院校的专职班主任，也不同于普通中小学的班主任，既要帮助学生树立自信、疏导问题学生的心理，还要对学生进行人生观、价值观、就业观的教育。中职学校班主任专业化的关键在于加强德育教育，鼓励学生通过反思重新认识自我，重塑自我，培养学生独立自主的意识，养成独立思考的习惯；学会承担社会责任和义务，以所学会的技能为社会服务。在本书中"中职学校班主任专业化"是指依据一定的专业标准和特点,规范中职学校班主任这一普通的职业群体,使其具备专业知识、专业技能、专业道德和专业态度，不断提高班主任这一职业群体的从业能力，取得专业资质，提高专业地位，成为专门职业的过程。

第三节 班主任专业化发展的特征分析

一、持续性

班主任的专业发展，就是班主任通过自己的努力和外部力量的塑造，使职业道德与专业精神、专业知识与专业能力不断完善，以期实现专业理想的过程。班主任专业发展是始终伴随于班主任工作生活中的，是随着时代的发展而不断确立新目标的动态过程。

专业化发展是教师的个体发展过程，也是不断追求的目标。它是一个需要永远追求的过程。班主任专业化的发展之所以是持续性的，是因为时代在变化、人在变化，教育当然也在不断变化，我们对待教育的态度、价值观、知识和行为都需要随之进行调整和修订。从个体发展的角度来讲，我们每个人都不是完美的，都具有无限的发展空间，为了自己更为成熟，教育的潜能得到更充分发挥，我们不断向自己提出新的、更高的专业化目标，需要不断学习。终身学习、持续发展是班主任的权利，也是义务和责任，是班主任实现专业化所必需的。

二、自主性

班主任作为专业工作者，其专业自主权是班主任专业化的重要特征。许多学者的研究证明，当班主任个体在教育教学中有更大的自由度、更多的自主权时，当班主任确信自己能够参与学校决策时，当班主任真能达到"我的工作我做主""我的发展我做主"时，其专业发展就能由被动走向"自主"。

班主任工作是面对一个班级、面向几十名学生的个体劳动，班主任要独立完成治班育人的艰巨任务，就必须多观察、了解，多分析、判断，并根据实际情况，科学地提出治班施教的方案，包括目标、内容、途径、方法等，以达到建设优秀班集体、促进每一个学生全面发展的目的。由此可见，班主任"专业自主"水平越高，其专业化水平也就越高，带班育人工作的效益就会越好。班主任在专业岗位上理应有相应的自主权，这样才能真正掌握从事班主任工作的本领，才能在工作中独当一面，使自己真正成为一名专业工作者。

三、实践性

教育是一种实践性很强的工作，班主任工作尤其如此。班主任的工作中充满了不确定因素。首先是教育对象的不确定性，正所谓"龙生九子，九子不同"，班主任带的学生不仅经常变化，而且每个学生的心理、思想和个性都有很大的不同。其次是环境的不确定性。因此，班主任在工作前就应该确定目标，并根据调查了解到的客观实际制定工作方案、选择工作方法，再付诸实施。而在实施过程中，班主任要能主动对工作中出现的问题进行自我反思、及时总结。对问题，要分析原因，寻找解决的办法；对成功之处，也要在分析原因的基础上，总结经验。

所以，班主任工作需要的"悟"性极高，这种"悟"性是班主任在反思实践的过程中形成的，即先领会班主任工作的价值，明是非、知对错。再通过反思自己的教育行为，明白造成工作中出现问题的原因，并有相应的改进措施。最后，理解学生的特点和教育规律，使自己的工作上一个新的台阶。

四、情境性

我们强调班主任专业化发展自主性。但是，班主任的专业化发展还将受到外部条件的影响，其中，班主任所在学校的环境文化影响就是重要的外部影响之一。学校要加强对校风、教风和学风的建设，创设一个具有研究氛围的环境，建立有利于班主任专业化发展的制度文化；学校要构建科学的评价激励制度，充分调动班主任专业发展的积极性；学校要建立引导班主任深化专业知识，增强专业能力，提升专业道德的管理目标。良好的学校文化环境，有利于班主任专业化发展。因此，班主任专业化发展具有情境性。

五、智慧性

《现代汉语词典》将智慧解释为"辨析判断、发明创造的能力"。也有学者认为智慧是人的道德与文化修养的体现，是一种综合能力，是人在特定情境中解决问题的一种悟性。它从理论知识中来，从人的实践中来，从经历的挫折中来，从总结的经验中来，从人的反思中来。有了它，班主任就能够在工作中不断进步、不断成长。智慧是班主任做好工作的最宝贵的财富。学生的个性是千差万别的，有的活泼开朗、热情勃发；有的性格内向，沉默寡言；有的性情急躁，点火就着；有的生性沉稳，善于思考……因此，班主任教育学生，自然要有针对性地选择不同的谈话时机、场合和方法，这是体现教育智慧的重要方面。班主任的智慧源自知识之中，源自实践之中，源自经验之中，源自自我反思之中。班主任面对复杂的教育工作、各种各样的教育现象和个性鲜明的学生，只有不断反思与改造自己的教育行为，才能形成新的观念、新的思想、新的理解，形成教育智慧。

班主任的育人工作是既具有科学性，又具有艺术性的，更重要的是要具有创造性。不同的班主任在处理同一件事情时所得结果总是不尽相同，这既体现了班主任的个体性，同时也体现了班主任的智慧性与创造性。班主任专业化发展的理想境界就是做一名具有创造性的有智慧的班主任。

第四节　中职班主任专业化的主要内容

詹万生教授在《中师班主任工作手册》序言中指出："班主任工作是光荣的神圣的。国运兴衰，系于教育，教育成败，系于教师。教师尤其是班主任的素质决定着学生的素质，学生的素质关系到祖国的前途和命运。班主任工作是繁重而艰苦的，班主任是班集体的建设者、组织者、领导者和管理者。……要使班主任工作上一个新台阶，达到一个新水平，就必须从经验型转向科研型，从随意性转向规范性，从零散性转向系统性，从盲目性转向科学性。""就一般教师而言，他们和中职生接触的场所以课堂为主，和学生接触的时段以教学时间为主，和学生的沟通主要局限于与课程学习相关的事宜。"当然，这样的接触和沟通对学生的发展而言也是重要的，但是，就接触的频率和沟通的深度而言，一般教师很难与班主任相比。班主任在班集体中的角色和地位，使他拥有更多的时间和空间，他是最有可能贴近学生，最有可能与学生建立更深入的交流和密切关系。这是实施教育的有利条件。因此，提高班主任工作的业务水平和技能水平，把班主任工作专业化，使班主任可以从更多方面来关注学生的成长历程，是非常有必要的。

一、系统的班级管理知识与先进的管理观念

中职班主任除了和其他教师一样需要掌握职业教育学基础知识、相关的心理学知识以外，还应当更多地掌握德育学原理、班主任学的基本理论知识和实践知识，需要基本掌握德育心理学知识、心理教育的常识等，并自主设计和组织班集体活动以及在活动结束后进行总结评价，最终形成一套系统的、有针对性的、有适应性的班级管理工作方式。

班主任缺乏管理知识和技能的直接后果是导致班集体人心涣散、班主任自身缺乏威信、班级既定目标难以实现。因此，班主任要突破种种束缚，发挥自身的主观能动性，刻苦学习班级管理的理论知识。另外，班主任必须善于积累班级管理经验，力争用文字将其表述出来，形成自己的实践性知识体系。

在教育运行系统中，教育哲学无处不在，主要体现为形形色色的教育思想和教育观念，同时，教育哲学能够影响教育目标的设定和具体的教育教学行为。正如每个人都有自己的生活哲学一样，作为教育者，班主任也在无形中以自己的教育哲学影响着学生，只是这种影响有正、负面之分。苏霍姆林斯基在巴甫雷什中学的成功，与其博大精深的教育思想有着直接联系；赫尔巴特的"教育永远具有教育性"，更是凸显了教育思想的重要价值。没有思想的教育者，只能被称作"教书匠"；以不良思想和方法管理班级的班主任，更是有悖于教育的初衷。班主任的教育理论素养并不是天生的，而是有赖于后天的学习和反思。目前班主任（也包括其他教师）仍有一些问题存在，如教育管理观念相对落后，教育民主思想还有待于发展，专制主义的残余仍然存在。以学生为主体的管理观未能落实到班级管理的实际中，学生尚未真正成为班级管理的主人，实现学生自我管理的目标还

任重而道远。以分数为衡量标准的教育价值观和评价观仍未能根除,重科学知识、轻人文素养的现象仍不同程度地存在。如果这些问题得不到解决,必然会影响班级的科学化管理。因此,需要班主任在管理实践中不断提高管理能力。

二、爱岗敬业、为人师表的职业道德

中职学校班主任的工作对象是可塑性很大、模仿性很强的学生,班主任的一言一行、一举一动,都对学生的成长有着潜移默化的影响。

爱岗敬业精神是师德的内核,优秀班主任应该对未来抱有美好的憧憬,应该有为了教育工作而不吝惜时间和精力的价值取向,使自己的生命更加充实、富有生机。作为专业工作者,班主任理应自觉地视生命为滴水,融入教育和文明建设的大海。而虔诚的爱岗敬业的态度正是这种超越功利的理想精神在班主任职业生涯中的具体表现。爱岗敬业当有以师爱为内核的博大情怀,以高度自律为保障的品悟和不耻下问、教学相长的境界。班主任只有不断加强自身的道德修养,做到爱岗敬业、为人师表,才能在陶冶青少年一代的道德情操方面产生巨大的教育力量。

三、学会德育的人文精神

原教育部部长周济在全国师德论坛上提出了一个观点:"百年大计,教育为根本;教育发展,教师是关键;教师素质,师德最重要。"这是以人为本、以教师为本的观念。这说明在教育事业的总体发展中和教师队伍建设当中,要以人为本,以教师为本,把教师作为教育事业的第一资源,尽量发挥教师在教学中的积极作用。因此,在学生的培养过程中,要积极发挥班主任的育人作用。

一直以来,中职学校在德育工作的方法和手段上比较简单和落伍,大都采用强制性的措施,容易引起学生的逆反心理。为了改变这种现状,新课程改革提出了"三维目标",特别明确了"情感、态度、价值观"的重要性,强调了不能只重视科学知识与技术,还应重视人的地位和价值。因而,班主任必须注重人文背景和人文资源的开发,让班集体成为学生成长的精神家园,培养他们追求善良和追求美的精神境界。而以人为本的教育原则,表现在教育教学过程中,就是对学生的价值的重视、对学生的尊严和权利的尊重、对学生的关心和爱护、对学生的合法权益的维护。就教育目的而言，其价值取向有一个重要的变化，就是由只重视科学知识技能转变为既重科学又重人文，由单纯满足社会需要转变为注重社会需要与学生的发展需要相结合。

德育工作确实非常艰巨、非常复杂，但也是有规律可循的，只有按其规律施教才能取得预期的效果。因此，班主任需要全面掌握德育工作的原则、规律和方法，用德育理论武装自己的头脑，不断提高德育理论素养。德育工作是培养人的工作，班主任只有充分了解中职学生的生理、心理特点，才能做到因材施教，使德育工作具有针对性、实效性。因此，班主任必须认真学习心理学和行为学的知识，了解青少年不同阶段的心理特点和需要，提高相关方面的理论素养。

四、廉洁自律、懂法守法的意识

一直以来，学校都被称为"象牙塔"，是社会中的一片净土。然而，最近几年，在新闻媒体中报道的一些现象，足以引起我们的反思。教师的职业道德要求首先要廉洁自律，这是时代的要求，班主任的工作要求。因此，班主任必须坚持"教育者先受教育"的原则，严格自律，自我教育，自我完善，不做违背党和国家政策的事，不利用职务之便谋取私利，按照教育规律办事，真正的一言一行，一举一动都是学生的表率，真正做一个教书育人、为人师表的老师。

作为一名班主任，还要学法、知法、守法，在认真执行各级教育行政部门以及学校的规章制度的基础上，还要学习与教育教学管理相关的各种法律、法规，诸如《中华人民共和国教师法》《中华人民共和国教育法》《中华人民共和国未成年人保护法》《中小学教师职业道德规范》《中华人民共和国义务教育法》《新时代爱国主义教育实施纲要》《中国教育改革与发展纲要》等，按照国家的法律法规和教育政策办事，不体罚或变相体罚学生，以避免在进行班集体管理时无意中触犯法律，而必要时也能运用法律的武器来保护自己。班主任在秉承"教育者先受教育"原则，自我教育、自我完善的同时，也要教育学生去遵守国家各种法律法规，维护法律的尊严。只有班主任自身增强法律意识，才有可能引导学生知法守法，才能真正担当起教书书育人、为人师表之大任。

第六章 职业院校班主任专业化的必要性

在当今的教育领域，职业院校班主任专业化已成为一个备受关注的话题。职业院校班主任作为学校中最重要的教育管理者之一，其专业素质和能力对于学生的成长和学校的发展具有至关重要的影响。本章将概述职业院校班主任专业化的必要性，包括职业院校班主任的特殊性需要专业化、职业院校国内外教育形势的发展需要班主任专业，以及职业院校班主任需要具备的专业化素质。通过了解这些必要性，我们将更好地理解职业院校班主任专业化的重要性以及如何推进职业院校班主任专业化发展。

第一节 职业院校班主任的特殊性需要专业化

一、班主任工作的复杂性需要班主任专业化

班主任工作的复杂性是由中职班主任的工作特点来决定的。中职班主任的工作特点主要是相对初中班主任和高中班主任而言的。首先，班主任老师是学生感情的依托者，进入中职学校的学生，一下子还不能适应课余时间以独立学习为主的学习方式，生活上突然没有了父母的百般呵护，多数学生会有失落感。其次，班主任老师是他们思想的监督者，要有敏锐的洞察力，有一部分学生摆脱了父母的约束想独立，却又没有成熟的思维和成年人所具有的准确的判断力。这样，班主任敏锐的洞察力就显得尤其重要。反观初中生和高中生，初中学生无论从年龄还是心理上都属于未成年期，易于教育和管理。班主任除了对学生做必要的思想工作外，主要任务就是督促学生们认真完成规定的学习任务，以优异的成绩毕业，

顺利考上理想中的高中。而高中学生较初中生明显地成熟，行为及思想都更具规范性，管理工作相对来说较容易。班主任老师的工作仍然是帮助其很好地完成学业，从而高考榜上有名。

二、职业院校班主任工作的地位和作用需要班主任专业化

《中小学班主任工作规定》中明确指出："为进一步推进未成年人思想道德建设，加强中小学班主任工作，充分发挥班主任在教育学生中的重要作用，制定本规定。""班主任是中小学日常思想道德教育和学生管理工作的主要实施者，是中小学生健康成长的引领者，班主任要努力成为中小学生的人生导师。班主任是中小学的重要岗位，从事班主任工作是中小学教师的重要职责。教师担任班主任期间应将班主任工作作为主业。""加强班主任队伍建设是坚持育人为本、德育为先的重要体现。政府有关部门和学校应为班主任开展工作创造有利条件，保障其享有的待遇与权利。"辛移在《中国班主任学》一书的序言中写道："浩瀚的宇宙里，太阳照耀着蔚蓝色的地球。地球养育着有 51 亿人口的人类。人类中有五分之一是伟大的中国人民。中国人中有近百分之一是光荣的教师。教师中有近二分之一，即 494 万位中小学班主任。班主任同其他教师共同从事着培养"四有"人才的艰巨而光荣的事业。"

詹万生在《中师班主任工作手册》序言中指出："班主任工作是光荣的神圣的。国运兴衰，系于教育，教育成败，系于教师。教师尤其是班主任的素质决定着学生的素质，学生的素质关系到祖国的前途和命运。班主任工作是是繁重而艰苦的，班主任是班集体的建设者、组织者、领导者和管理者。一个有责任心的班主任总是全身心投入工作，呕心沥血，殚精竭虑，无私奉献。红烛精神、人梯精神，正是对班主任高尚人格的真实写照。

"班主任工作又是科学而有规律的，在新的形势下，班主任面临着许多新的情况和新问题，只凭老经验是远远不够的。要使班主任工作上一个新台阶，达到一个新水平，就必须从经验型转向科研型，从随意性转向计划性，从零散性转向系统性，从盲目性转向规范性。"而对于中职学校的班主任这一群体而言，面对的中职学生还存在着各种行为上的、心理上的、精神上的缺陷，因此需要对这些

缺陷进行诊断、分析与纠正，由于面对中职生的复杂性和特殊性，导致了中职学校班主任工作地位的复杂性与特殊性，这些问题都要求班主任工作专业化，以提高班主任工作的业务水平和技能水平。

第二节　职业院校国内外教育形势的发展需要
班主任专业

一、国内教育形势的发展需要班主任专业化

1995年5月在《中共中央、国务院关于加速科学技术进步的决定》提出科教兴国战略。它是党中央、国务院在总结历史经验的基础上，根据我国社会主义现代化建设的现实情况作出的重大战略决策。指出："全面落实科学技术是第一生产力的思想。坚持教育为本，把科技和教育摆在经济、社会发展的重要位置，增强国家的科技实力及向现实生产力转化的能力，提高全民族的科学文化素质，把经济建设转移到依靠科技进步和提高劳动者素质的轨道上来，加速实现国家的繁荣强盛。"

中共中央国务院颁布了《关于深化教育改革全面推进素质教育的决定》的文件，文件指出："要优化结构，建设全面推进素质教育的高质量的教师队伍。""建设高质量的教师队伍，是全面推进素质教育的基本保证。""……教师要树立正确的教育观、质量观和人才观，增强实施素质教育的自觉性；要不断提高思想政治素质和业务素质，教书育人，为人师表，敬业爱生；要有宽广厚实的业务知识和终身学习的自觉性，掌握必要的现代教育技术手段；要遵循教育规律，积极参与教学科研，在工作中勇于探索创新……"我国对教育的认识在不断深化是基于"科教兴国战略"的提出，要加速实现国家的繁荣就要提高劳动者素质，作为初级劳动者培养场所的中职学校就担当着不可推卸的责任。由于班主任工作的特殊性，在校期间提高学生的素质，那就是在提高日后的社会劳动者素质。同时，中央也提出：建设高质量的教师队伍是全面推进素质教育的基本保证。因此归根结底来

说，教师的素质，影响到学生的素质，进而影响到社会的发展水平。中职生起点低、差异大，很多学生行为盲目，认识模糊，心理脆弱，学习上没有压力与动力，与统招包分配时代的中专学生已经千差万别了，如果中职学校还是按以前的教学思路与管理方法建设和发展班主任队伍，班主任依然按传统的思维方式和惯有的工作方法思考来处理学生出现的问题，势必会产生恨铁不成钢的急躁情绪，甚至会步履维艰最终陷于困境，一旦学生与教师对立、学校对立，教师、学校还如何去教育、如何去培养他成为高素质的劳动者？因此，这种形势需要中职班主任专业化，更要加强班主任专业化研究。

二、职业院校、国际教育形势的发展需要班主任专业化

早在 20 世纪 80 年代，教师专业化就形成了世界性的潮流，这极大地推动了许多国家教师教育新理念和新制度的建立。1986 年，美国的霍姆斯小组、卡内基工作小组继发表《明天的教师》《国家为培养 21 世纪的教师作准备》两个重要报告，同时提出教师教育改革和教师职业发展是以教师的专业性作为目标。英国在 80 年代末就开始实施教师证书制度和教师聘任制，教师专业化进程不断加快。1989 — 1992 年，经济合作与发展组织 (OECD) 相继发表了一系列有关教师及教师专业化改革的研究报告，如《学校质量》《教师质量》《教师培训》《今日之教师》等。1996 年，联合国教科文组织召开的第 45 届国际教育大会上对教师专业化达成了一致认识，提出："在提高教师地位的整体政策中，专业化是最有效的中长期策略。"

中国的教育发展不能脱离国际教育发展的大背景。我国教育一方面要走向世界，面向世界；另一方面要不断吸收、借鉴国外有用的先进的教育科学研究成果，这就特别要求加强班主任专业化研究，使我国的教育逐步走向世界领先地位。因此，必须努力加强班主任专业化研究。

总之，无论是从班主任工作的历史经验、工作地位，还是从国内外的教育形式发展情况分析，都需要我们中职学校加快推进班主任队伍专业化建设，提高班主任的专业化水平和技能水平。通过中职班主任队伍的专业化建设，使班主任适应中等职业教育的健康、有序、可持续发展的需要。

第三节　职业院校班主任需要具备的专业化素质

一、心中有学生的精神境界

班主任的精神境界是班主任专业化素质的灵魂所在。"以人为本"的教育原则，以人为本的教育理念，有两层含义：

第一，以学生为本：这意味着在教育过程中，学生是核心和出发点。班主任应尊重每一个学生的个性、特点和需求，关注他们的成长和发展，帮助他们实现潜能和追求幸福。通过以学生为本，班主任能够建立起积极、和谐的教育环境，促进学生的全面发展和自我实现。

第二，以教师为本：这并不意味着班主任要把自己放在首位，而是指在教育过程中，班主任要关注自身的专业成长和发展。他们需要不断提升自己的教育技能和教育理念，不断反思和改进自己的教学方法和策略。通过以教师为本，班主任能够更好地理解和满足学生的需求，提供更有效的教学和支持。

在学校全面关心学生发展的老师主要是班主任，包括关心学生的学习、生活、心理、道德、健康等等，其中既包括关怀学生的自然生命也包括关怀学生的精神生命。有些班主任在工作中能做到关怀学生的自然生命，但却忽视了关怀学生的精神生命，学生的精神关怀内容是很广泛的，"尊重""信任""理解""关心"既是关怀情感的直接表现，也是学生基本的精神需要，同样是班主任专业工作的基本内容。因此，班主任学会尊重、信任、理解、关心学生，是班主任专业化的必然要求。

班主任工作要想专业化，强化班主任的精神境界，使之树立"以人为本"的观念，明确"以人为本"的含义是前提。

二、职业院校爱岗敬业的职业道德

班主任的专业化发展应是学术性与师范性、学科专业知识能力与道德教育专业知识能力、学科性与教育性的统一。因此，教师道德要求也应包含在班主任专业化素质的内容里面。

树立正确的社会主义荣辱观，是坚持党的教育方针，加强和改进师德建设，全面推进素质教育的需要；是培养"四有"新人和社会主义建设者、接班人的需要；是落实科学发展观，建设社会主义先进文化，办好让人民满意教育的需要。以"八荣八耻"为重要内容的社会主义荣辱观，是新时期师德建设的工作纲领和核心内容，是对全面的、生动的、具体的落实师德规范的指导性意见，它为广大教师确立了更新、更广泛的价值标准。它将激励广大教师从培养可靠接班人和社会主义事业合格建设者的高度出发，把社会主义荣辱观与师德建设结合起来，自觉养成"辛勤劳动、崇尚科学、热爱祖国、服务人民、诚实守信、艰苦奋斗、团结互助、遵纪守法"良好的师德风范，将实际行动落实到"热爱学生、爱岗敬业、为人师表、教书育人、廉洁从教、严谨治学、共创和谐、依法执教"的教育教学工作中去。

三、职业院校结构合理的班级管理知识与技能

从了解和掌握的教育专业知识和科学知识方面来看，班主任需要比一般的非班主任教师了解和掌握更深入广泛的知识和技能。班主任需要了解"德育原理""班主任工作行为学"和"班级管理学"的相关理论知识和实践知识，并运用到实际的学生教育和班集体管理与建设中，最终形成自己特有的、适合自己个性的班级管理工作风格。

从专业能力方面来看，班主任与非班主任教师明显要求不同，因为要对班集体进行建设与管理，还要组织开展丰富多彩的班集体活动，所以，班主任的组织管理能力、研究学生及学生家庭的能力、组织班集体活动的能力等比一般的非班主任教师要高得多，否则难以正常开展常规管理工作。

从掌握先进的教育技术方面来看，要求班主任比一般非班主任教师更熟练掌握，目前科技发达，信息资源丰富，很多多媒体资源适合用于德育工作，如果班主任能熟练地运用网络资源，利用多媒体设备进行德育教育，德育工作的能力更超前。

从教育科研的范围上看，班主任既应该研究教学领域的问题，又应该研究班级德育和班集体建设与管理过程中遇到的各种问题，还要研究处理学生和班集体的各种问题。这就要求班主任的研究领域比一般教师的研究领域更广泛、更宽广。

从文化素养方面来看，由于班主任扮演角色的多样性，需要对学生进行心理、生理、行为、艺术等多方面的教育，因此，班主任必须对经济、政治、文化以及人体科学、自然科学、社会科学、环境保护知识和医药卫生知识有更多更深刻的了解。

从才艺方面来看，班主任要多才多艺。一个班主任如果具有文学、体育、音乐、艺术等多方面的才艺，对于建立良好的师生关系，形成良好的班集体氛围能起到极其重要的作用。

四、职业院校懂法守法的法律意识

作为一名班主任，不但要熟悉和严格执行各级教育行政部门以及学校的各种规章制度，还要认真学习、宣传那些与学校教育教学管理相关的国家法律法规，遵循国家教育方针，依据法律法规办事，以这些法律法规作为日常行为的依据，认真贯彻执行这些法律法规，从而避免在班集体建设中因疏忽而触犯法律，必要时能运用法律的武器来保护自己。同时，要教育学生学习法律法规，遵守国家各种法律法规，维护法律的尊严。只有班主任自身增强法律意识，才有可能引导学生知法守法。

总之，通过不断强化班主任的精神境界，增强班主任职业道德，提高班主任专业化知识技能，增强班主任法律意识，是培养一支高素质班主任队伍的重要途径，也是搞好班主任专业化建设的必要保证。只有具备高素质的班主任，才能搞好班集体建设，学校的班主任工作才能走向新的、良好的局面，学校的德育教育才能迈向更高的台阶。

第七章　职业院校班主任专业化发展

目前中等职业学校是我国职业教育体系中的重要组成部分。我国未来产业大军的重要来源中中职学生是不可或缺的一部分。作为直接面对学生的中等职业学校，班主任是学生个人和集体的组织者、领导者和教育者，他们需要去协调与学生发展相关的各个处室和各种教育力量。班主任工作质量的好坏与学校的发展、学生的成长密切相关。近年来，随着对中等职业教育新的质量要求与目标的明晰，随着课程、教材改革和学校内部教育、教学改革的深化，国内有关中等职业学校班主任工作研究也日趋活跃。其正日趋成熟，经历从经验化、随意化到专业化的发展历程。在发展的现状中，既有促进发展的保障，但也存在体系不完善和内在发展不协调等问题，本章着力分析中等职业学校班主任工作专业化发展的现状，以期有针对性地改进和解决问题，促进中等职业学校班主任工作专业化的和谐健康发展。

第一节　中等职业学校班主任工作专业化发展的现状

一、中等职业学校班主任工作专业化发展

（一）国家重视，制度有保障

制度建设是事业发展的根本，是保证，更是保障。我国第一部职业教育法《中华人民共和国职业教育法》于1996年正式颁布和实施，它为职业教育的发展提供了基本的法律保障。现任江苏省政协教卫体委员会分党组书记、主任，中国职教学会副会长、教育数字化工作委员会主任葛道凯先生在教育部2011年第4次

新闻通气会上说："教育的改革和发展，基础能力建设很重要，教育教学的改革和教师队伍的建设也很重要，但最根本的一个方面是制度建设。依法治教已成为全社会的共识，仅2010年，我国先后出台了9项关于中等职业教育的制度性文件。"上述文件明确了中等职业学校班主任的工作职责、配备与选聘、任职资格与条件、待遇与表彰奖励、培训管理，以及班主任工作的领导等方面的规定。这些法律法规和指令制度性文件为中等职业学校班主任工作专业发展提供了强有力的法律与制度保障，使其有法可依、有规可循。

（二）社会引领，前景有保障

纵观教育的历史发展，职业教育作为我国教育的一个类型已逐渐得到社会的广泛认可。（1）中等职业学校学生就业有前景。目前，中等专业学校、技工学校和职业高级中学是我国中等职业学校的三大类。但近年来，随着社会的需求，多种形式的短期职业技术培训机构在国内不断涌现，他们以向社会输出初、中级技术人员及技术工人为培养目标，因而为中等职业教育体系的发展注入新的力量。《2022年全国教育事业发展统计公报》数据显示及教育部网站公布，2022年，中等职业教育招生484.78万人，同口径比上年减少4.21万人，下降0.86%；在校生1339.29万人，同口径比上年增加27.48万人，增长2.09%；毕业生399.27万人，同口径比上年增加23.90万人，增长6.37%。（2）"工匠精神"的行业引领，班主任工作专业化前景有保障。李克强曾在政府工作报告中提出要培育精益求精的"工匠精神"，一个推崇"工匠精神"的国家和民族，必然有着对职业的敬畏、对工作的执着、对产品的负责，精益求精，追求完美，那么就一定是能工巧匠。在社会对职业人才的需求和"工匠精神"的引领下，中等职业学校班主任工作在"精于工、匠于心、品于行"的专业化发展理念指引下有着广阔的前景保障。

（三）学校需求，落实有保障

中等职业学校学生年龄较低，其大部分是初中毕业后继续接受教育的未成年人，他们是我国未来产业大军的重要来源。中等职业学校学生的管理与教学沿袭以班级为基础单位、每班设立班主任的模式，班主任负责学生和班级的日常管理，他们是班级活动的主要组织者，是中职学生思想道德教育的骨干力量，是中职学生职业认知发展的指导者和健康成长的引路人。班主任工作是育人工作的主要组成部分，是学校教书育人、管理育人、服务育人的主要实施者，是协调学校、家庭和用人单位等各方面力量，以达到合力育人的纽带。一支业务强、素质高的班主任专业队伍能促力学校的发展，因此切实加强中等职业学校班主任工作专业化，才能真正使国家教育方针落地，才能真正促进职业教育的科学发展。

二、中等职业学校班主任工作专业化发展的问题

班主任是中等职业学校教育和管理的核心力量，班主任工作专业化发展的质量，直接影响着学校的工作质量，间接影响着未来公民的素质水平。班主任要用知识丰富学生的知识，用智慧启迪学生的智慧，用思想熏陶学生的思想，用情感激发学生的情感，用心灵滋养学生的心灵。为了出色地完成这项光荣而艰巨的任务，从经验中升华成为真正的教育者，实现教育的真谛，班主任工作必须专业化。但目前在班主任专业化发展过程中还存在一些问题，既有宏观层面上中等职业学校班主任专业化发展体系的问题，也有微观层面上中等职业学校班主任专业化发展内在不协调的问题，其主要体现在如下几方面。

（一）中等职业学校班主任工作专业化发展体系不完善

1. 中等职业学校班主任工作专业化理论基础薄弱

一方面，起步时间较晚。中国的班主任工作研究，是以 1952 年开始设置班主任这一工作岗位为起点的。在 2002 年以后，"班主任专业化"这一理念得到与会专家们的认可和支持，之后，柳州等地区对这一理论课题进行了探索。在这十多年的发展进程里，不仅班主任专业化理论研究得到了蓬勃发展，而且国内许多学校开始了班主任专业化的实践探索，这种发展态势令人欣喜。但纵揽班主任研究的庞大体系，笔者发现更多的是偏向于普通学校的班主任管理工作研究，对于中职学校的班主任工作研究相对滞后。

另一方面，中职特色理论基础较弱。我国学者刘捷认为："专业是在社会分工、职业分化中形成的一类特殊的职业，是指一群人在进行一段特别且专业的训练后掌握了一门专业的技能，并将这些技能得到充分的运用，在运用中来帮助解决问题，从而促进社会的进步。"中等职业学校的人才培养目标、教育对象等都有其特殊性，但在研究中其理论基础主要借鉴中小学班主任专业化的理论，且研究内

容主要关注于对中职班主任境遇的研究，专业化的策略构建主要表现为一些实践经验的呈现，而较少关注和研究中职班主任专业化工作的特性，及在此前提下对中职班主任专业化发展过程中存在的问题与对策发展体系的研究探讨。

2. 中等职业学校班主任工作专业化评价体系不完善

目前在我国的中等职业学校的师资队伍中，还没有设置专职的班主任，班主任工作一般都由任课教师兼任。中职学校对班主任的考核才处于起步阶段，怎样利用考核的相关理论知识，建立起适合自己学校的班主任工作考核体系，使班主任的工作态度得以改善和提升，使班主任积极、主动和创造性地去探索班级管理的有效手段，帮助学生顺利完成从学生到职业人的转变，使学生在进入社会后真正成为用人单位需要的人才，最终实现学校的战略目标是学校管理者和研究者共需探究的问题。

第一，目的不明确。评价考核体系应是以激励人才内在成长，实现共同质的提升为目的。可现行的中等职业学校班主任工作考核制度侧重把结果应用在处理教师的人事决策上，如职称评定、岗位定级、津贴发放和培训学习等，而对提高教师道德素养、工作态度、业务能力和工作实绩的内在过程评价无以凸显，使对存在的问题分析流于表面，从而不能使评价考核体系对促进班主任队伍的发展和建设作用得以充分发挥，所以现行的班主任考核没有完全反映出中职学校班主任工作专业化考核的目的。

第二，指标不完整。现行班主任工作专业化考核采用的是传统的量化考核指标，其主要是从德、能、勤、绩四个维度进行，但在考核制度的制定和具体操作中却侧重于对"勤"的考核上；"德""能"的考核不具有操作性，指标不能区分班主任工作之间的差距，使其功能得以弱化，最终导致对班主任工作成绩考核不够全面，从而易造成部分班主任产生工作中出工不出力、吃"大锅饭"的感觉，不利于队伍的建设和个人专业化成长。

第三，评价主体单一、分析指导缺位。一方面，中等职业学校班主任工作专业化考核主体单一，其仅存在于主管部门的评价，每位班主任工作的全部情况不可能被全方位地随时关注到，易出现主观因素和以偏概全的情况，所以很难做到客观、公正，一个班主任的真实水平并不能够反映在现有的考核结果中。另一方面，评价主体与班主任之间缺少针对考核结果做出及时的沟通与分析，学校也就无法提出有针对性的、因人而异的意见及建议，班主任工作专业化能力不能很好地得到发展与提高。长此以往，容易造成考核没有非常有效地指导班主任工作，甚至成为班主任工作的附加累赘，从而使相当一部分班主任非常抵触班主任工作专业化考核，考核的本质失去了价值。

3. 中等职业学校班主任工作专业化成功范例较少

一方面，优秀班主任个案较少。"教师通过自己的理解改变学校世界""班主任是我国班级教育的首席教师，优秀班主任是稀缺资源"。在中职学校，一个班主任要成长为一个优秀班主任，包括班主任教育观、学生观和价值观的形成，和谐、博爱和给予学生示范的人格魅力是这三观形成的基本要素。优秀班主任既是良师，又是益友。课堂教学是优秀班主任成长的前提和基础；班级理念是优秀班主任工作专业化成长的核心价值体现和灵性之魂，而具备一定的科学研究能力则是优秀班主任成长的不竭源泉和发展动力。但由于职业教育社会地位的下降和学生家长的高期待值对中等职业学校班主任提出了更高的挑战和要求，其工作的难题和问题更多，教育、教学工作的难度更大，外加各种客观的现实因素制约了中职班主任工作专业化的成功发展，因而从教育的影响和比例来看，优秀个案较少。

（二）中等职业学校班主任工作专业化的内在发展不协调

1. 班主任群体对班主任工作专业化的认识不够

在现阶段，我国中等职业学校中，采用的大多是小班授课，实行的是班级班主任负责制，班主任成为学生健康成长的导师，在学生成长中，担负着重大的责任。班主任既是教育教学工作的骨干，也是学生健康成长的陪伴者。而现实是，在现有的中职学校，班主任的选择无非由下列几种方式来实现：一是教师自愿承担班主任工作，经过学校的正常程序获批被任命的；二是教师在学校工作一段时间后，获得学校的认同，经学校领导与其沟通、协调后被任命为班主任的；三是学校没有班主任队伍建设的机制，每年由学校下文件任命一部分教师来承接班主任工作的。这样班主任这一职务在资格上的取得和任命上的随意性非常大，周而复始，大家对班主任工作没有认同感，班主任成了"人人皆能为"的一项工作，更不需要专业化做支撑。而班主任本人也热衷于日常性事务的应对，而将学生的道德培养、引导发展职业意识塑造束之高阁。在现有的工作中，班主任都是由专任教师兼任的，在学生成长中，花时间最多的是德育工作的基础即学生日常事务的管理，在"经验"的引导下，以学生"行为规范"为中心，关注点集中在对违反"守则""规范"的学生身上，对其进行批评、教育，没有更多的精力和心思想到要用专业的理论和技能对学生个体实施精神引导和人格的发展塑造。

2. 班主任工作专业化的专业知识不强

在班主任岗位正式进行设置之后，教育部门、学校对班主任工作科学化、规范化的要求越来越高。近年来，多层级多形式的班主任培训不断增多，班主任工作的专业成熟速度正在加快。但从队伍的总体发展上来看，其专业水平仍然不能满足素质教育不断深化的需要和社会对班主任工作的要求。中职学校班主任工作专业理论和专业能力是班主任专业成熟的重要标志。从班主任工作职责分析，抓好班内学生的德育和对班集体进行科学管理是凸显于班主任诸多工作任务中的关键。但这两项工作都各是一门独立的科学，都有其自身的研究领域和研究对象。要出色地完成这两项复杂的任务，单靠班主任的具体工作经验显然是远远不够的，更需要他们具有坚实的理论功底和较强的专业能力。可是，有一些班主任恰恰是故步自封、只重视"摸石头过河"的亲身经验而忽视专业理论的积累学习和更新提高，只重视经验的机械重复而忽视专业理论指导实践的灵活应对能力。因此，专业理论的匮乏和专业能力的不足往往成为中职学校班主任工作专业发展的绊脚石。

3. 班主任工作专业化的专业能力不平衡

能力是指完成一项目标或者任务所体现出来的素质。人们的能力因人而异，因事而异。能力是直接影响活动效率，并使活动顺利完成的个性心理特征，依据其所体现的活动领域来划分，能力分为一般能力与专门能力。而这两种能力决定了某种活动或事件能否顺利实施的必备标准。高效地做好中职班主任工作、完成对学生成长、成才的有效教育与引导必然需要某些专业能力。中职班主任的专业能力还没有像高等学校辅导员一般提出国家标准，但是部分学者已对其进行了有益的探究。黄晓静在其的硕士论文《中等职业学校班主任专业化研究》中提出，班主任应具备以下能力：制定班级整体目标的能力，处理学生个体心理、个性发展的能力，处理突发事件的能力和良好的表达沟通、组织开展班级活动的能力，科研与创新能力，掌握信息技术及进行情绪调控的能力，职业指导及与企业互动的能力。

班主任队伍专业化的专业能力不平衡主要体现在个体及群体能力的不平衡。每位班主任不可能同时、均衡地具备以上各项能力，个体都有自己的"能力短板"。黄晓静在其针对上海地区的中职班主任的问卷调查中发现：64.29%的班主任认为他们只具备了班主任工作专业化发展中的一小部分能力。个体的这种"能力短板"影响班主任个体某方面工作的有效完成。目前，中职班主任"兼、代"现象普遍、行政任务式带班情况较多，因而作为中职班主任群体，其对班主任工作的实践研究少、创造科研能力不足，应对突发事件的经验缺乏，能力有待提高，同时缺乏心理学专业知识，能对学生进行心理辅导、促进学生个性发展的班主任寥寥无几。

中职学校班主任工作专业发展是学校教育教学改革与发展的关键环节，是学校走向内涵发展之路，不断提升竞争力的着力点。

第二节　中等职业学校班主任工作专业化的理论思考

班主任工作专业化是指班主任以教师专业化标准为提升基础，逐步具备推进班主任工作的深厚的理论素养，具备班级建设的实践能力。由于教育对象的特殊性，与普通高中相比，中等职业学校的班主任工作，专业性、艺术性、实践性更强，同时具有情境性、复杂性和不可预见性。因此，中等职业学校的班主任工作，要想实现对班级实施有效的管理，不仅需要自身的人格魅力，以心育心，以德育德，以人格育人格，更需要丰富的实践智慧和专业能力。

一、中等职业学校班主任工作专业化的重要性和特殊性

班主任工作，在学校整个教育体系中占有重要而又特殊的位置。一方面，他是学校德育工作的中坚力量。班主任作为班级的管理员，他是学生成长的陪伴者，

更是学生精神世界发展的引领者。另一方面，他也是普通教师中的一员，同样承担着一定的教学任务，实现培养人才的目标，同时他又是直接面对学生的管理者，是各种教育力量的协调者，这就需要他既要掌握班级管理中相应的理论知识，又要在实践中摸索探讨班集体的建设、组织与学生、家长交流学生成长、成才的经验、规律，在理论与实践的反思中不断提升自我。

（一）班主任工作专业化的重要性

班主任从事的是以人格育人格的特殊职业，要使学生"信其道"，班主任首先要使自己成为博学多才的"经师"，同时，也要使自己成为专业理论丰富、专业能力强、专业个性明显的"人师"。这使得班主任工作专业化成为未来班主任发展的必然趋势。

1. 时代发展需要班主任工作专业化

班主任是学校德育的中坚力量，担负着为国家培养人才的重要使命。其实早在 20 世纪 80 年代，教师专业化问题已经成为学者们讨论的焦点，如早在 1986 年，美国提出了教师专业化的前提是教师教育改革和教师职业发展。我国现阶段，在中等职业学校，还没有专职的班主任，班主任工作是各学科的教师兼任的。随着社会的发展，对教育的要求越来越高，而学校教育在人的成长、发展中起着越来越重要的作用。由于班主任在学生的成长成才中又扮演着非常关键的角色。因此，班主任工作专业化成为一种迫切的需求。

教育部出台《教育部关于进一步加强中小学班主任工作的意见》，这一文件中明确指出：班主任是具有较高素质和人格要求的重要专业性岗位。班主任工作的专业化地位的建立，对班主任队伍的建设和发展具有重要的意义。它有助于明确班主任职责，同时也对班主任的任职条件提出了更高标准的要求。这是改变班主任工作现状的迫切需要，也是教师专业化发展的必然结果。

2. 中职学校特殊的教育对象需要班主任工作专业化

中职学生从其年龄结构和身心发展来说，是一群相对特别的少年群体。他们年龄较小，处于由少年儿童向成人过渡的青年时期，此阶段，是他们人格发展、确立的重要时期。随着国家政策对职业教育的逐步倾斜，近些年来，就读中职学校的学生越来越多。但与就读普通高中的学生相比，中职生有着不同的特点，主要表现为：一部分中职学生由于从小没有养成好的学习习惯，也没法找到适合自身的学习方法，导致他们对学习的信心不足，学习动力不足，也没有明确的学习目标，长而久之，他们对学习没有兴趣，缺乏刻苦学习的精神，厌学情绪较为突出。

中等职业学校的目标就是要培养能从事某一行业、工种需要的专业技术性、应用型人才。毕业后，大部分中职学生必须选择走向社会，但是此阶段，他们年龄较小，易冲动，同时，由于缺乏社会经验，对社会的认知也少。因此，此阶段，帮助学生实现由"自然人"向"社会人"的转变，促进学生的个性发展与人格成熟，是班主任工作的重中之重。一方面，班主任作为德育工作的重要力量，他的专业化水平，将直接影响到学生技能水平和身心健康水平；另一方面，班主任与其他任课老师、家长、学校联系密切，能熟知学生的很多情况，并根据这些情况对学生采取不同的教育方法。因此，班主任工作的好、坏将直接影响一个学生、一个班级乃至一个学校的发展。由此可见，班主任作为学生成长过程中的重要力量，是学生品德成长、个性发展的推动者，班主任工作是否专业化，将直接影响学生素质的高低和中等职业技术学校办学水平的好坏。

3. 学生个性的发展需要班主任工作专业化

学校的责任是培养和塑造能够适应社会发展的合格人才。中职学生进入学校的年龄在 16 岁左右，这个年龄阶段的孩子模仿性强，老师的行为规范和道德标准能给予他们很大的影响。班主任作为和他们朝夕相处的人，他的思想境界、言谈举止、仪态仪表等都对学生起着潜移默化的作用。中等职业学校的学生是一个特殊的群体，他们在小学及初中阶段，理论知识不扎实，学习习惯不好，但智力素质并不差。同时，作为长期性使用网络的人，他们具有鲜明的时代特点。随着班集体建设与管理的理念不断更新，班主任遇到了许多新情况、新问题，需要研究和解决，重视学生的学习活动是必须的，但只关注学生勤奋学习和获取知识，不关注学生精神成长和人生幸福就不应该了，这样的教育是不完整的教育。作为班主任，要深刻理解人的各个方面发展相互影响的道理，懂得唯智育论是搞不好智育的。同时，要通过全面观察和了解发现学生的优点，这就要求他们具备专业化的理论基础，并且配合实践，在工作中不断处理刚性管理与柔性管理之间的辩证关系，突出以人为本的管理理念。因此，新形式下的班主任工作，更需要专业化。

总之，无论是从时代发展的要求看班主任工作，还是从国内外的教育形式发展情况分析，都需要我们中职学校加快推进班主任队伍专业化建设，提高班主任的专业化水平和技能水平。通过中职班主任队伍的专业化建设，使班主任适应中等职业教育的健康、有序、可持续发展的需要。

（二）中等职业学校班主任工作专业化的特殊性

当前，我国的教育由初级教育、中等教育、高等教育、继续教育等分块组成，在这其中，中等职业教育是除普通中学即高中以外的另一种形式。在中等职业教育中，由于学生自身的特殊性和教育目的的特殊性，使得中等职业学校的班主任工作具有特殊性。

1. 班主任职责及其教育工作具有特殊性

由于中等职业学校学生年龄较小，他们的世界观、人生观、价值观尚未成型，同时，改革开放后，西方的文化、价值观在我国发展传播得较迅速。中职学生，使用网络较多，辨别能力不强，因此，职业教育中德育为先更具有必要性和紧迫性。班主任作为学校德育工作的中坚力量，其工作的重点就是关心、教育和管理学生，使他们身心得到全面健康发展，成为有理想、有道德、有文化、有纪律的社会主义公民，成为社会主义建设的重要力量。而在这一过程中，营造良好的班集体文化氛围，促使学生个体的成长是班主任的主要工作。班主任工作的重点是对学生进行道德教育，主要是引导、帮助、促进学生德行成长和发展。班主任作为学校德育的主要力量，不仅是德育知识的传递者，更要使受教育者成为自觉的德育践行者，德育才能成功。道德教育的过程是师生共同的道德生活过程，道德教育与道德学习的过程。在这过程中，班主任作为班级教育的主任老师，除了负责组织、管理班级工作外，还必须承担更多的道德教育责任。而在实际工作中班主任的特殊性就体现在对学生精神层面更多的关心和关爱。

2. 班主任工作专业化是特殊类型的教师专业化

班主任首先是一名教师，但他的职责主体又异于一般教师。班主任工作专业化，就是要通过班主任职责的进一步标准化，来形成术业有专攻的班主任，提升班主任的工作技能，或者说这也是教师专业化的一个特殊方面。

班主任工作专业化不同于教师专业化，其有相同的方面也有不同的方面。相同的方面主要包括：所教学科的专业化，教育知识、教育能力的专业化以及对教师道德的要求。不同点在于，专业化的班主任更需要有专业的自觉，不能仅凭经验工作。与科任老师不同，班主任除了要了解和掌握基础的教育学、教育心理学知识外，还需要了解德育基本理论知识和实践知识，更需要掌握班级管理相关知识并运用到学生管理之中，形成自己的教育风格。同时，班主任专业角色的丰富性，要求班主任具有广博的科学文化知识，在日常的德育实施中关注学生的发展；研究学生个性形成的关键因素；研究学生心理。这些特殊的专业认知要求班主任对班主任工作进行再认知，从而优化班主任的工作行为，促进班主任的专业发展。

3. 精神关怀是班主任专业化的核心内容

雅斯贝尔斯认为"教育过程首先是一个精神成长过程"。从日常教育活动的层次看，班主任作为一个班级的管理者，其主要工作是维持班级正常的教学秩序，组织好、管理好学生和班级。但从更深的层次看，班主任教育，更多的是精神教育，作为学校德育工作的主要承担者，关注学生的个体差异性，挖掘每个学生的特点，从而调动学生的学习积极性，关注学生的心理、精神生活和精神发展，让学生更全面地认识自己、认可自己，从而实现学生的全面发展，是班主任工作的核心部分。一个好的班主任，对学生的影响更多体现在精神关怀上，他能引导学生脱离现实的功利物欲并升华到更高的精神境界，指导学生执着于"真善美"的精神追求。他们更注重学生主体意识的彰显，不断地挖掘学生内心的主体发展欲望，将学生的这些愿望与学生成长相融合，让学生形成新的动力源。

二、教师专业化与班主任专业化的关系

班主任工作专业化与教师专业化既有一定的共性，但又相互区别。

（一）教师专业化的提出与发展

我们常说的教师专业化主要指的是在整个教师系统的专业生活里面，通过一定的培养制度和管理制度，利用自身的专业训练而习得教育技能，并且实施专业独立自主性，充分地体现出职业道德，把从教素质逐渐地变成教育专业人员的成长历程。从 20 世纪 50 年代率先研讨教师专业问题，到 20 世纪 60 年代，国际劳工组织和联合国教科文组织提出《关于教师地位的建议》，是首次以官方文件形

式对教师专业化做出的说明，并提出教师职业的重要特征是教师具有高度的专业自主性。到 20 世纪 80 年代，教师的专业发展成为教师专业化的方向和主题。20 世纪 90 年代，第一次从法律角度确认了教师的专业地位。此后，教师这一专门职业赋予了更多的职责和要求，这就必然要求其经过专门的学习和训练，不断提高专业素养的过程中实现教师专业化。

（二）教师专业化与班主任工作专业化的关系

社会的不断发展，必然对教育提出新的要求。教师专业化成为未来教育发展的必然趋势。一方面，班主任与普通教师一样，承担着教书育人的职责，因此，教师专业化的内涵和标准要求基本上适应于班主任专业化。但是班主任作为班级的主要管理者，与科任教师的工作有不同之处，因此，与普通教师专业化相比，班主任工作的专业化又有其特殊性，其内涵更丰富，专业化标准更高。

一个学校的教育应有合力并形成教育的完整性。教师教书育人，班主任用自己的人格魅力感染学生。一位好的教师，必然是身体力行，把知识的传授和德行的修养结合起来，而不是将其割裂起来。班主任作为学校教育中的中坚力量，作为学生德育工作的主要承担者，在这一点上表现得更为突出。因此，一个好的班主任老师，就其素质而言，他既要具备专业教师的学科专业素养，同时又要具备班主任工作的专业素养，两者不可分割。随着教育的进一步发展，现代班主任应当成为具有专门的职业理论，专门的职业道德，专门的职业技能的教育专业工作者。首先，班主任岗位的专业性源于一般教师劳动的专业性，但又高于一般教师劳动的专业性，是教师专业发展的深化的扩展，更是学生发展微观领域的进一步观察。

学校教育的一线骨干力量就是班主任，他也是学校育人合力中的协调者。班主任工作是一项复杂的专业劳动，既要应对新时期教育工作中出现的新变化，也要应对教育对象的变化，这就需要班主任以专业化作为工作要求，以不变应万变，及时改进班主任工作，满足其自身的发展要求。

第三节　中等职业学校班主任工作专业化的目标

一、中等职业学校班主任工作专业化应具备专业精神

精神，是道德层面的东西，就班主任专业化而言，班主任的专业精神要求班主任具有坚定的教育信念、爱岗敬业、乐于奉献等专业性。

具体表现在以下几个方面：

（一）具有坚定的教育信念

随着教育大众化的逐步普及，我们不得不承认中等职业技术学校的生源质量逐渐下降，虽然近年来，国家大力支持中等职业教育的发展，但最终就读于中职的学生大都是问题学生，他们不仅文化课成绩差，很多学生性格古怪、叛逆，他们对自身的认可度也低，"破罐子破摔"的倾向严重。因此，这样的学生很难管理，是一个客观存在的事实。作为班主任，首先应该去除功利化世界里的好坏学生之分，相信他们是可以教好的，著名教育学家陈鹤琴先生也说过：没有教不会的学生，只有不会教的老师。相信任何学生都是可以教会的，可以教好的，这是班主任专业化的核心所在。

（二）具有敬业的精神

社会在进步，教育也提出了更高的要求。中职学校的老师，较普通中学的老师相比，承担的压力更大。压力大、待遇不令人如意，导致人员流动频繁。在社会分工越来越精细化的今天，教师岗位，尤其是中职学校的班主任工作岗位，付出远远大于收获。但教师是培养人的职业，是人类灵魂的工程师，作为班主任，不能把个人得失放在首位，而是要尽心尽力地为学生服务，不仅要把敬业落实到每一节课上，更要落实到每一项与学生相关的工作上，切实体现学生利益。

（三）具有关爱学生、无私奉献的精神

教师是有岗位准入的，不是每个人都能当教师。但除去那些条条框框外，作为一名教师，尤其是中职学校的班主任来说，真正地关心、关爱自己的学生，才

是最重要的。中职学生不属于传统意义上的"好学生",他们的自我认同感低,存在着自卑、厌学、低社会存在感等负面心理情绪。作为班主任,应该根据学生的具体情况,给予学生及时的关注和鼓励、理解、信任和开导,让学生感受到老师的关心,以情感人。让班主任工作如春风化雨一般,温暖学生的心灵,让学生切实感受到老师的关怀。

二、中等职业学校班主任工作专业化应具备专业知识

(一)具备相应的教育学、心理学知识

教育学作为一门独立的学科,研究的是教师怎样才能更好地教和学生怎么才能更好地学的科学,因此,任何一个人想要走上讲台,成为一名教师,都必须具备相应的教育学知识。这对班主任专业化来说尤为重要。对于班主任来说,不仅要教好自己所教的学科,更要协调各方面的因素,让学生学好每一门科目,获得全面发展。班主任要熟悉教育学、心理学的相关规律,了解该阶段学生所特有的学习规律、认知发展规律,根据年龄的特点和学科的特点,适当引导,让学生得到最大的发展。

(二)具备相应的管理知识

班主任是班级的直接管理者,是班级管理的核心主力,其领导能力,在相当大程度上决定着一个班级的学习风气、凝聚力等。一个好的班级,能够让生活在其中的同学们感受到温暖,从而有助于塑造良好的班风、学风。而班主任在班级建设中起着至关重要的作用,因此,班主任工作需具备相应的班级管理知识,从大的方面说,班主任首先要有班级建设的目标,其次,要根据学生的特点,制定班级班规,调动各方面的积极力量,控制不和谐的因素,给学生相应的尊重等等,才能取得较好的班级管理效果。

(三)具备相应的法律知识

在党的十八大依法治国精神的号召下,法律诉求开始深入校园,依法治校是必然趋势。同时,随着校园犯罪率的进一步升高,班主任作为学校德育工作的中坚力量,需具备相应的法律知识,一方面,在日常的班级管理中,对学生进行普法教育,增强学生的法制意识。另一方面,对班主任工作本身来说,具备一定的

法律知识，有利于班主任在突发事件面前保护自身和学生的合法权益不受损害。

三、中等职业学校班主任工作专业化应具备专业能力

在中等职业学校，班主任既要有与普通教师相同的能力，又要具备一些特定的专业能力，在实际工作中，班主任工作专业化应具备的专业能力有如下几种：

（一）建立与学生所学专业相关的班级管理能力

中等职业技术学校与普通中学相比，最重要的不同在于，中等职业技术学校侧重于培养具有较强动手能力的学生，即所培养的学生应该具有基本的专业技能，毕业后能被市场认可，顺利地走上工作岗位。因此，这也给中职班主任工作提出了不同的要求。与普通中学不一样，中职学校的班主任在班级管理上应该转变观念：除去重视对课堂纪律的规范外，更重要的是建立与学生所学专业一致的班级文化管理能力、沟通、协调能力等。中职学生在学业成绩上不同于传统意义上的"好学生"，他们反感说教式的单一的教学方法，渴望跟老师有平等的沟通、交流，这就对班主任工作提出了新的要求，要求班主任要对班级管理方法进行改革。如根据学生所学的专业特点，在班干部的组织和班级活动的设计上，充分体现专业的特点。所带的是市场营销的班级，可根据专业特点对班干部的称谓做出相应改变，如班长可称作"销售总监"，副班长可以称作"东部片区经理"等等，通过这些改变，让学生觉得新鲜、有意思，一方面有利于学生主动积极地参与到学习、班级管理中，有助于学生提高自我认同感，同时有助于塑造良好的班级学习风气。另一方面，这也在一定程度上开启了学生的职业规划的启蒙之路，有助于学生明晰自己的职场奋斗之路。

（二）具备指导学生进行职业规划的能力

中职生的培养是面向社会，力求与市场接轨，培养出能够适应市场需要的学生。因此，能对学生进行相应的职业规划指导，是中职班主任工作专业化的重要诉求。随着教育大众化的进一步发展，现阶段的中等职业教育的生源质量逐步下降，大多数学生都是因为父母安排或者是没有考上普通高中等原因不得已读了中职。由于年龄又小，他们基本上对职业生涯规划一无所知、对自己所学的专业一无所知，甚至从来没有想过要了解。同时，社会存在感与自我认同感低，又让他

们对自己的未来没有信心。作为中职学校的班主任老师，合理地引导学生，让学生及早树立职业规划意识，指导学生根据自身的特点，做好职业生涯规划，是班主任工作非常重要的一部分。这就要求班主任有能对指导中职学生进行职业规划的能力。

（三）具备心理辅导能力

中职学生的年龄普遍较小，据了解，在校的高职生年龄都在14—18岁，独生子女较多。按照心理学中对青年期的划分，这阶段的学生还处在青春期，一方面，他们的思想观、人生观、价值观尚未成熟，另一方面，这阶段的学生渴望独立，但由于缺乏相关的社会阅历、经验和独立判断能力，他们会表现出蛮干、冲动等不理性行为。同时，就中职学生群体来说，较普通高中生而言，高职生的自我认同感偏低，容易产生自卑心理，独生子女的家庭背景让他们渴望与人沟通交往，但在交往过程中，缺乏相关经验，容易产生问题。因此，这个阶段，也是心理问题频发的高峰期。作为班主任老师，必须具备敏锐的洞察力，善于发现问题，及时关注学生的心理变化，及时解决学生在成长中遇到的困难，助力学生健康成长。

（四）具备创新、科研能力

随着互联网技术的逐渐普及，网络在青少年群体中占据了越来越重要的地位。他们喜欢通过网络表现自己的喜怒哀乐，并把网络中的一些社会媒介，如微信、QQ等作为他们的主要通信工具之一。因此，随着社会科学技术的发展，对人们，尤其是青少年的生活方式发生了改变。新时期的班主任工作理应具备创新能力，即根据学生的变化，创新工作方式。班主任工作应跟上潮流，适应学生的喜好，获得学生的认可，才能获得更好的工作效果。另外，新时代背景下，科研能力也是班主任专业能力的重要组成部分。班主任工作历来被诟病为烦琐，班主任自身无法从中得到提升。这是因为忽视了班主任工作科研的重要性，随着国家政策对中职教育的逐步倾斜，中职班主任工作也得到了越来越多的关注。班主任根据相关教育理论的指导，总结自己的工作经验，探索有效的班主任工作模式，是班主任专业化的重要途径，也是班主任自身得到提升的重要途径之一。

（五）具备处理突发事件的能力

通常说，班主任工作压力大，最主要的原因在于有不可控事件的发生，即通常所说的突发事件。在整个班级管理过程中，有些突发事件是不可规避的。这就要求班主任必须具备处理突发事件的能力。一方面加强对学生的教育，合理地规避风险，另一方面，当突发事件发生时，能够冷静、果断、及时、妥善地处理好问题，始终把学生利益摆在第一位，并能举一反三，积累相关的经验。

第四节　中等职业学校班主任工作专业化发展的策略研究

中等职业学校教育教学质量的提升，学校的可持续发展，离不开学院师生的努力，更离不开班主任工作的专业化发展。目前，从中职学校现有的管理、发展水平上来说，班主任工作的专业化水平不高，更有一些学校在潜意识里没有要实现班主任工作专业化的思想基础，作者根据自己在班主任工作岗位上的一些工作和自己所带的"二人行"班主任团队，总结了一些中职班主任工作专业化发展的方法。

一、理念先行，强化对班主任工作专业化的整体认识

目前，在中职学校，仍有部分管理人员、班主任，对专业发展的内涵不了解，学校要实行班主任工作专业化，首先要让大家认识什么是专业化，怎样实现专业化。主要途径有以下几种：

（一）舆论引导，树立班主任工作专业化思想

一是要高度重视，充分认识加强班主任工作专业化的深远意义。班主任是学校德育教育的中坚力量，是学生健康成长的引领者和人生导师，是实施素质教育的重要力量。学校首先从管理层到普通员工都要树立班主任工作专业化的思想。

二是要加强班主任典型的正面宣传和引导。一直以来，班主任就是默默付出的典型，为学生的身心发展无私奉献。我们要抓住"教师节""年度表彰"这些节点，充分利用海报、广播、学校微信公众号等平台，加强对典型的正面报道，营造班主任有地位、有价值的舆论氛围，形成"人人愿做班主任、人人争做优秀班主任"的良好氛围。

三是要在学校形成一种文化，班主任研究会上直接提出班主任工作专业化发展的理论，阐述班主任工作专业化发展的重要性，让班主任自己及其他管理人员逐步理解、吸收并实施。

（二）自我反思，提高班主任工作专业技能

班主任要提高专业技能的关键在于反思。在工作中反思，主要是指在工作实际中，班主任作为旁观者，将自己放入研究对象的角色，通过"照镜子"的形式，反观自己的管理理念、行为和效果，以便对自己的教育现状进行及时调整。反思源于对现实和自我的不满，班主任反思的过程也是专业成长的过程。

1. 观念的反思

在传统的观念中，学生围着班主任转，班主任的工作就是管教学生，这种保姆式的"管教型"做法已经过时了。现在的中职学生思想活跃，好奇心强，要求解除束缚，自由民主，再用管、压、卡的办法，即使辛辛苦苦、苦口婆心，也难以收到应有的效果。教育是心灵的艺术，班主任的首要任务，是塑造学生的美好心灵，让他们"成人"。决定教育行为的是教育观念，只有正确、科学的教育观念才能引导出正确、科学的教育行为。观念的反思就是要改变原有应试教育的教条式说教，变德育的方法为"德育应该是含情脉脉的"，引导青年学生观赏、热爱生活，热爱大自然，以心灵去欣赏、品味生活、大自然的无穷魅力。提升对自我生命价值的认同，这样才能收到"含情脉脉"的效果。

2. 角色的反思

在"人人可为"的传统观念下，班主任在学校管理层面就是处理学生日常事务的的角色，任何教师只要自己想当班主任都可以担任，这种角色的定位是错误的。新形势下的班主任工作，不论是从其职责要求还是从社会责任来看，他的专业化内涵更加丰富。他不仅是良师益友，更是"学生人际交往的指导者""学生

心理健康发展的咨询者"等等，如果只注重班级纪律的规范，只注重为各科教师的教学制造一个良好的秩序，保证班级在学业成绩考核当中取得一个满意的分数，局限在这种保姆式的关怀角色里，就达不到以心育心，以人格育人格的效果。所以，现阶段，班主任工作应该把对学生的精神培养、人格塑造作为他们的首要任务，班主任应实现角色的反思。

3. 方法的反思

班主任工作是一项实践性很强的工作，而真正意义上的教育反思是一个"实践—反思—研究—再实践"的一个循环推进的过程。我国正处于高速发展的信息时代，高效率、快节奏，已经渗透到社会生活中。微时代的来临使得班主任工作必须适应时代发展的特点，改变传统的教育方法，合理利用电视和网络，让学生了解新信息，丰富学生的知识。通过丰富多彩的活动，对他们提出问题，只能实事求是的民主讨论，加以引导，而不能强制与压服。只有这样，才能把班级工作做得生动活泼，富有朝气。

（三）搭建平台，提升班主任工作专业化水平

一是搭建培训平台。现阶段，中职学校要认真研究学校班主任的工作实际，结合教育部、省、市、县、学校等培训与研修的计划，做好计划，有目的地送培一些班主任。通过上岗培训、在岗培训和骨干培训等多种培养模式，使参训人员既有理论支撑又有实训内容，同时将培训内容、目标定位形成有机地组合，造就一批适应社会发展和学生成长需求的指导者、引导者、研究者，让班主任工作真正实现专业化。

二是搭建专业成长平台。专业活动平台是学校组织的官方讨论平台，这一平台能让班主任彼此交流心得体会，发表独到的见解，提出疑难问题，班主任都希望在专业活动这个舞台上有最佳的表现，这就需要我们更好地设计、组织专业活动，为班主任搭建专业自主发展的平台，鼓励他们广泛参与、充分展示、互相学习、取长避短、共同提高。

二、建章立制，完善有效的班主任工作机制

科学管理是现代学校制度建设的核心理念，只有建立科学的、人性化的管理制度，才能将学校的各项工作落到实处。2006 年 6 月教育部出台的《关于进一步加强中小学班主任工作的意见》从"重要专业性岗位"的角度出发，明确了班主任的任职条件和应履行的职责。因此，提高班主任专业素养就成了当前班主任队伍建设的重要任务，且需要科学的管理制度做保障。

（一）建立班主任工作的准入制度——唤醒班主任工作的专业意识

在中职学校应当建立专业准入及资格认证制度，改变把班主任工作看作一个没有专业要求的工作，在人员选聘时应突出班主任的专业要求，首先，班主任必须具备教师资格证书，不具备教师资格的不得担任班主任，在此基础上，还须严格按照教育部门的培训要求，参加岗位培训，成绩合格后，由教育行政部门签发"上岗证"，方可担任班主任。这是班主任专业化的外在标准之一。其次，完善班主任的聘任制。在中职学校，九月开学最让校长头疼的就是班主任人选的聘任。我们要改变这种观念，在学校形成一种氛围，让聘任制成为班主任岗位准入制的关键。在开学初遴选班主任时，除了考查班主任的任职基本条件之外，更多地需要考虑其对班主任职责的理解程度以及是否具有履行班主任职责的基本素养，这是班主任工作专业化的前提保障。

（二）健全班主任工作的激励机制——激发班主任专业发展潜能

美国心理学家弗鲁姆提出了关于激发人的积极性的期盼理论，该理论强调一个人选定目标后，为了实现它，一定会采取某种行动，而在行动前，他总要对自己的行为效果进行权衡，以选择最佳的行为方式。这一理论用公式表示为：

激发力量＝效价 × 期盼值

在现有的中职学校，要对班主任的行为产生强大的激发力量，就必须让班主任明确锁定目标对班主任工作专业化发展的意义和价值，同时确保目标实现的可能性足够大。

一是要使激励制度符合班主任的心理特点和需要。班主任对激励制度的认同程度，直接影响班主任工作的效果，因此设定激励制度要尽量考虑班主任的认知水平，实际专业水平以及爱好和个性特点，这样才能提高激励制度的有效性。

二是要引导班主任认识目标的潜在价值。有些班主任认为带学生就是三年的事情，没有从学生一辈子的影响来考虑工作价值，也认识不到自己工作的深层意义和价值，因此学校领导要帮助和引导班主任分析目标的潜在价值，深化其对目标效价的认识，这样才能增加目标的吸引力，增强目标的激发力量。

三是制定适宜的激励机制。中职班主任是学生成长中关键的教育引导者，他既负责知识的传播，又负责学生道德方向的引领。学校要激发班主任的潜能，必须从班主任人格道德方面进行激励；从班主任的业务能力方面进行激励；从情感需求方面进行激励。通过这些激励，让班主任看到自己的内在潜能，也帮他们看到班主任工作专业化发展的明天。

（三）完善班主任工作的评价机制——激励班主任自主专业发展

一个学校要发展，教职员工的积极性是关键。在激励的前提下，还要有完善的工作评价机制，当前评价存在的主要问题是评价指标不清；方法单一；评价目的侧重于对班主任工作情况的考核，而忽视了对班主任专业素养发展状况的评价。要使评价机制真正实现激励班主任自主专业发展，必须从评价指标和评价方式两方面入手。

首先是评价指标。它一般有四项内容，一是班主任是否符合基本入职条件；二是班主任履行职责的情况；三是班主任的专业素养所达到的程度；四是班主任工作的实际效果。具体的评价工作是将以上几点分解为若干个具体的可测评的指标并权重分配，保证指标的科学性和可操作性。要组织专门人员在广泛听取班主任意见的基础上细化评价指标，以使具体的评价指标更加科学，更能够激励班主任的自主专业发展。

其次是评价方式。班主任工作评价坚持以人为本，以促进素质教育全面实施、学生全面发展为宗旨，坚持形成性评价和发展性评价相结合，以发展性评价为主。促进班主任工作水平的不断提升。真正实现评价结果，不仅本身带有奖惩倾向，而且是班主任加薪、续聘、提拔、解聘的重要依据。因此，对班主任的评价既要关注其当前的表现，又要关注其长期的发展，既要了解班主任现实的工作状态，又要根据班主任工作专业化的发展目标，为其发展提供机会，促进班主任工作的专业化发展。

三、科研引领，在班主任队伍中树立典型

（一）加强班主任工作专业培训，确保"专业"

班主任工作的专业化，不仅是班主任个人的追求，也是教育行政部门和中职学校的追求。现阶段，班主任培训的途径、内容和方法越来越注重专业性和实践性，从而大大促进了班主任工作专业化的进程。这对更新班主任的知识结构，提高班主任的专业化水平，具有重要的推动作用。

加强班主任工作的专业培训，可分三个阶段来完成，即职前培训、入职培训和职后培训。班主任的职前教育比较单薄，特别像在中职学校，一部分教师不是师范毕业生，这种职前培训和教育相当于零。而来自师范院校的毕业生，只有少部分人听过班主任方面的必修课，而职前的带班经历更是少之又少。相对而言，中职学校的班主任入职培训更为有效，培训可以让那些刚上任的班主任身临其境，跟着优秀的班主任学习，这种方法科学、有效。班主任工作专业化的重点在职后培训，班主任工作是一项实践性很强的工作，加之中职学生的综合素质和能力，相比较而言有其特殊性，班主任的专业程度是凭借"实践性"知识来加以保障的，它的专业性主要体现在反思和行动研究上。目前中职学校的职后培训教育一般有两种形式：一是培训，即面对面的交流培训或是远程网上培训；二是校本研修，形成专业发展的优秀团队。建立专业培训和研修制度，为班主任工作的专业发展提供空间，才能真正确保其"专业"。

（二）开展班主任专业化学术交流，梳理"成果"

在班主任中开展专业化的学术交流（academic exchanges），可以采用座谈、讨论、讲演、展示等方式进行。开展班主任专业化的学术交流首先要从"名家"身上吸取成果。从 2002 年 10 月，全国第十一届班集体建设理论研讨会上提出"班主任专业化"理论以来，班主任专业化理论研究蓬勃发展。李德善、杨惠敏、杨连山等很多老师已经在专业化方面做了研究，2011 年 10 月 19 日，西安组织了"全国班主任专业化课题系列"培训交流，培训主讲有王海燕、班华、刘长锁、任小艾等著名的教授、班主任专业化研究专家。其次就是要以校内的专业学术活动为平台，开展成果展示。如很多学校开展的治班方略教育案例展评会、主题班会展

示点评会等，这些交流就是信息的交流，其最终目的是使班主任工作专业化的最新信息、思想、观点得到沟通和交流。我们就是要从这些学术交流中梳理最新的专业化"成果"，以现实的"成果"让班主任了解专业化成长的研究动态，开拓眼界，也让班主任看到走专业化成长的希望，有为班主任工作专业化砥砺前行的动力。

（三）推进班主任工作队伍建设，培养"标兵"

班主任在学校德育工作中充当了的主力军的作用，是德育工作取得实效性的关键，也是学校形成良好校风、教风、学风，不断提高教育教学质量的关键。抓队伍建设，要从第一步着手，从选人开始，要从选拔、培训、引领、考核、评价上进行推进。加强班主任队伍建设，在队伍里培养"标兵"，如长沙县职业中专班主任"十星"评价细则里就有"学习理念星""反思积累星""活动智慧星""管理创新星"等"十星"评比，通过"标兵"的培育，班主任的专业技能得到提升，专业素养增强，在素质教育的深入开展和课程改革的大力推进下，我们的班主任专业化建设才能在队伍上培养人才，满足家长的期盼、社会的呼唤，才能使我们的教育更加具有专业性。

四、实践反思，积累点滴经验借鉴交流

笔者是职业学校学生工作的一名管理者，从摸着五颜六色的石头过河，到褪尽青涩，走向成熟，在实践与反思的道路上创建了"三人行"班主任成长互助团队。

"三人行"班主任成长互助团队由12名来自不同学科、不同专业成长背景的一线班主任组成。团队名称"三人行"预示着团队内部相互学习、协同合作，使得个人能力与团队实力同步提高，从而锻造出一支精英团队。

（一）"三人行"团队的理论基础

"三人行"班主任成长互助团队意指几个人同行，其中必定有我的老师。我选择他善长的方面向他学习，蕴含于其中的深刻哲理对于指导我们处事待人、修身养性、增长知识、提升技能，都是有帮助的。因此，以"三人行"命名班主任成长互助团队，旨在通过团队内部相互学习、协同合作。以团队工作室为平台，依托"三三"团队发展模式，即以主动、互动、引动的"三动"发展途径，塑造专业、专职、专长的"三专"个人；形成有思想、有领域、有创新的"三有"团

队体系；建设成一支有专长、能实干的耕耘团队，有思想、能思辨的创新团队，有影响、能引领的辅导团队。通过这一支优秀团队引领和促进学校的德育工作，实现师生共同成长成才的目标。

（二）"三人行"团队的组织形式

团队组成依托"三三"模式得以建设发展，首先基于"三专"（专业、专职、专长）个人。"三人行"成长互助团队以班主任工作这项专门的职业定位与要求为基点，以成员自身的专业背景知识和自身的特有专长为关健，以团队需要为出发点遴选成员，以传、帮、带"师徒制"的辅导团队建设理念为指导，以勒温的"团体动力学说"为理论基础，依据成员各自的专业和专长，结合学生的成长需要进行分工，根据团队建设目标，组建了网络思想政治教育"三人"小组、心理健康教育"三人"小组、校园公共危机管理"三人"小组、学业与就业指导"三人"小组。"三人行"班主任工作成长互助团队成员来自学校的不同学科；团队成员主动担当互相研讨，内部互动交流，团队引动各成员行动开展工作，发展团队和个人；最终建设成"三有"（有思想、有领域、有创新）团队。

（三）"三人行"团队的运作方法

1. "定时定点、不定期"的运作机制

采用在团队辅导室定时进行团队任务，做"特殊功课"——为下周举行的学生班会备课。班会被学生视为"人生的课堂"，高质量有成效的班会应与专业教师授课一样，必须有计划、有目标地开展，通过集体备课，可以彼此交流经验。团队成员彼此交流教案、分析一周内学生出现的新动向，邀请有经验的班主任有针对性地加以指导。除此之外，团队根据实际需求共同研究探讨热点难点和重点问题。

2. "双向流动"的辅导协作机制

通过"送出和引进双向流动"的辅导协作机制，实现团队内外的互动。坚持开放、动态发展的理念，根据专业人才培养的规律和趋势，不断吸收德育工作的新思想、新方法，根据这一实际需要，派出团队成员到本专业领域的一线学习和交流，充分利用本专业团队社会价值，引进其他学校优秀班主任进校交流，从而提高团队成员的实践水平。

3. 横向上实行以小组工作项目为依托的交叉管理

即团队内以成员的专业、学缘结构组建成"三人"小组：网络思想政治教育"三人"小组、心理健康教育"三人"小组、校园公共危机管理"三人"小组、学业与就业指导"三人"小组。但小组工作项目以团队内的资源互补实行交叉管理。因而整体实现团队矩阵式管理：一人多职、一岗多能，注重强化团队成员的角色意识、职责意识和发展意识，努力建设一支融"服务、管理、研究"为一体的强有力团队。

4. "纵横立体型"考评机制

借助"纵横立体型"考评机制，激励各成员行动起来，共同进步。纵横立体考评主要从两方面进行，纵向上，团队外部成员以学生、同事、德育部门等进行他评，横向上由团队成员进行自我评价和互评。考评结束后，团队为每位成员制作一份图文并茂的考评报告。团队成员既可以从中清晰地看到所带学生、德育部门领导、同事的评价情况，也可以了解自身测评结果在所有团队中的位置，全方位地评判自身工作，提高团队管理的科学性与针对性。

5. 注重培训、提升能力——"1+N 型"培训体系

对照教育部门培训的相关规定，团队成员现有的职业能力大部分停留在中级乃至初级水平。通过"1+N"型培训体系建设，使团队成员的相关职业能力均达到中级水平，部分专业对口、经验丰富的团队成员达到高级水平。

"1"指根据班主任职业要求提高团队全体成员的一般职业能力，如组织协调能力、管理能力、交流沟通能力、语言表达能力、心理素质等。这种能力主要通过大型讲座、主题活动开展等途径进行统一培训，实现团体整体素质提升，从知识、技能、才干和态度等方面达到中高级水平。

"N"指按照"专职、专业、专长"的"三专"目标应用人力资源管理理论，使"三人行"成长互助团队实现一人多岗、一岗多能，"人人手里都有绝活"，对团队成员进行有针对性的培训，达到专家水平。如学业与就业指导"三人"小组，首先必须通过培训考证人人获得国家职业指导师，持证上岗。然后根据学生学业发展阶段的需要对三人小组进行专项的强化训练、专题提升、经验推广等方式，真正达到专家型的水平，从而实现辅导员的专业化、专职化和专家化。

（四）"三人行"团队的成效及问题

成效：

1.班主任工作专业理念基本形成。多方互助、共同成长，在团队建设过程中互助成长的理念既体现在团队内的互助，又体现于师生互助、学生互助，达到共同成长的目的。

2.团队工作室打造成品牌特色。工作室为团队深入开展团队备课、案例研讨、师生咨询提供平台，既是平台，更是思想的集聚地。

3.团队成员在具有影响力的学术期刊以第一作者身份发表了3篇学术论文。

4.团队成员将建设成果在学校进行宣讲推广，同时利用专业成长空间等网络媒体将经验分享。

问题：

1.班主任学科教师与专职德育工作者的岗位时间冲突有待解决。

2.班主任工作专业化的理论成果有待进一步梳理。

第五节　中等职业学校班主任工作专业化的发展趋势

随着职业教育改革不断深入，中职班主任队伍的建设也日渐规范和科学，中职班主任的专业能力逐步成为教育学界和相关主管部门的重点研究对象。加强中职班主任专业化建设不是一件一蹴而就的事情，而是一个相对动态、可持续的发展过程。它的完善需要建设主体与客体的共同努力与磨合，需要专业化理论与实践的紧密结合，需要建设主体在专业学习中不断提高，在教育实践中逐步磨炼，在反思中渐渐成长。中职班主任应该紧紧抓住专业化建设的机遇，全面提高职业能力，紧跟时代步伐，与专业共同发展，继而探索出一条有针对性、有特色性的专业化发展道路。

一、班主任工作是一门学问

说班主任工作是一门学问，首先是因为教育本身就是一门艺术。"教育是心灵的呼唤，是灵魂的唤醒"，这是对班主任工作最好的阐释。班主任工作的最高境界是做"智慧型班主任"，这是班级管理科学化和班主任人格魅力的完美结合，这不仅是一种能力，更是一门艺术。首先，需要我们走进学生的心灵世界，开启对他们的引导。我们要对对象进行引导，最重要的是要了解具体的学生，包括了解他们的性格、习惯、兴趣、爱好、需要、天赋、品德、能力、潜质及其促成和影响这些特质形成的生长环境、背景及教育条件等，包括他的成长史。了解学生是一门高超的艺术，根据不同的需要，每次了解的侧重点不同，方法也不同。

其次，疏以成通、导以成行。学生需要知识的引导，道德情操的培养，以及精神养料的丰富，才能不断成长，进而成才成人，这是他们精神生命不可或缺的。作为心理和生理这两方面正在不断发育和完善的中职学生，他们的行为时刻都在变化，伴有不稳定性和多样性，若使其这种不稳定且多样化的行为转变成良好的行为习惯，其间还存在一定差距及难度，因此，在这个过程中，老师必须采取正确的方法去疏导、指引。魏书生老师的《教学工作漫谈》中有提到这样的观点，要特别重视培养和熏陶学生的情感，让学生把人当作一个辽阔的世界去看待，把心灵当作比天堂更广阔的空间去想象。设想五千年以后的教育方式，学生犯了错误，不再是训斥、指责、整治，而是动之以情、晓之以理，以民主、平等的方式让学生写"情况说明""心理病历"，来达到疏以成通、导以成行的目的，使学生实现自我认识、自我教育。

最后，班主任工作就像读书一样，书本知识的积累与提炼，是一个从薄到厚，又从厚到薄的过程，最初觉得一本书是薄的，内容平淡，但是在读与学的过程中想到了诸多问题，领悟出了书中平淡内容下隐含的大量知识，书一下变厚了，等到把想到的问题全部解决，提炼成自己的知识，书又变薄了。班主任工作同样如此，有人无法掌握正确的方式而深陷其中痛苦不堪，总有处理不完的琐事；有人却能参透其中奥妙，轻松应对，班级管理井然有序。

班主任工作就是一门学问，只有遵循科学、努力创新，才能使我们的学生在各方面不断进步、不断发展。在教育教学及班级管理工作中，通过借鉴学习一些先进经验，并在实践中勤于摸索、不断总结，形成自己的理念与方法，从而进一步提升和完善自己的能力。

二、班主任工作是一门学科

学科的独立性是学科进入科学体系必须要解决的问题，而班主任工作是否能够成为一门独立的学科，需要对学科独立的标准加以探讨。教育学者孙绵涛认为，学科要成为一门学科必须具备两个充分而必要的条件，即要有明确的研究对象和有稳定的范畴形成的范畴逻辑。还有学者认为一门学科要有三因素即研究对象、学科性质及方法论才能称其为学科。笔者认为班主任工作这一学科得以形成的内在核心标准应当是有独特的研究对象即学生思想品质形成发展规律和班主任工作规律。围绕研究对象，班主任工作形成了自己独特的研究领域，其中就有对班主任工作专业化的自身研究，班主任工作的范围领域即日常工作、服务、管理、引导等，还有班主任工作对象即对班级群体和学生个体的研究。目前，有些师范类学院，在课程设置上考虑除了开设教育学、心理学等教育理论基础，也开始开设"班主任工作"这门学科。从实际情况看，班主任工作是由教师直接管理的微型教育机构，需要直面教育大系统的种种矛盾和问题。它是一门艺术，也是一门学科，它在素质教育方面有着得天独厚的广泛性和全面性。班主任日常管理的实践活动，也为班主任工作学提供了丰富的内容；班主任实践为班主任工作学提供了动力支撑；班主任实践为班主任工作学提供了价值证明。从内在的标准看，班主任工作作为一门学科具备了一定的条件，但仍不健全，在学科建制上，它才处于起步阶段，离一门成熟的学科任重而道远。从定位、性质、研究对象、理论体系等方面的基础问题，我们还没有开展系统研究，暂时也还没有相应的代表性成果，他确实离成熟的学科还有一定的距离。但有前辈们的成果，有一线工作者的亲身实践，随着时间的推移，班主任工作将得以建立并形成完整而清晰的框架，真正从一门潜在学科发展成为一门成熟学科。

三、在学生生命成长过程中班主任实现着自我生命的成长

班主任工作具体而又具有潜移默化的作用，他以生命个体的存在为载体，其工作对象依然是人，因此，班主任工作的对象是自然生命与价值生命的有机统一体，具有发展的全面性和持续性。

班主任是做人的工作，中职学校班主任面对着正值生命发展关键期的未成年人，感受着他们的喜乐忧惧，为他们排忧解难，受学生们生命活力的感染，使得班主任感同身受享有更旺盛的自然生命力。

随着社会的发展和教育理念的革新，关注学生的生命成长，是每个教育人的使命，同时也呼吁各方力量更多地关注教师的生命成长。班主任的工作富有生命意义，其更多地体现在价值生命体验层面上。班主任的价值生命在工作中可以达到真善美的融合，实现知、情、意、行的统一。在引导学生生命成长和实现全面发展的过程中，班主任处理的每一个教育事件都融合了其自身独特的创造性，发挥着他的主体生命价值。在具体的工作情境中建构起来的教育方法，班主任特定教育智慧得以彰显；在与学生的双向交流中，班主任传递爱、体会爱、收获爱，自我价值得以实现，感受着生命的真谛。班主任工作的"真"，不仅在于赋予学生生命发展最基本的生存技能与知识的传授，更重要的是用知识来启迪智慧，将智慧融入生命，用技能点亮人生，提升生命的价值和意义；班主任工作的"善"，

是将情感投入教育与管理过程中，用情感激发学生的情感，与学生达到共情，使得学生道德品质、性格、行为习惯达到生命之本源；班主任工作的"美"，在于实践中生成教育艺术，发现美、感受美、创造美，班主任作为一个生命个体用自己的心灵去唤醒学生的心灵，成就学生、成全自己的生命价值。"一日三省吾身"，班主任的自我意识与生命的主动发展紧密相连，其不停地进行自我完善和自我超越。感受着学生生命成长的点点滴滴，班主任会深刻体会到自己的价值和意义，实现自我生命的成长。从这个意义上说，班主任工作是最能获得成就感的事业。班主任的专业成长在职场，他的幸福源泉在学生。班主任，用自我的人生培育着祖国的新生力量，和学生一起共成长，他们在真实的生活情境中感悟事业和人生的意义，不断超越自我，提升自己的精神境界。

总之，中职学校班主任工作专业化是一个以突破桎梏来实现自我超越的过程，我们已经坚定地走在班主任专业化的建设道路上，即使我们的脚步是迟缓的，我们的实践创新是艰辛的，但我们仍然为我们能够超越自我的生命价值而幸福。问题还将不断涌现，对策还将不断创新，我们还将有更高的追求、更多的突破，在一次次挑战、一次次自我超越中感受教育生命的美丽。中职学校班主任专业化是一种理念认识，更是一种实现生命价值的目标，也是个体主动创新发展的过程。在全面可持续发展的进程中，中职学校班主任得到成长，变得成熟，也必定会成为专业化的教师群体；中职学校班主任工作得到延展，变得完善，也必定会成为专业化的工作基点。

第八章 职业院校班主任专业化保障措施

前面从转变管理思想、加强专业学习、开展校本活动以及建立班主任教育信息化平台等几个方面对职业院校班主任的专业化提出了参考建议，但要使之行之有效、真正实现班主任的专业化，还需要有相应的保障措施。下面从职业院校教师职业准入制度和班主任工作激励机制的完善两个方面来分析职业院校班主任专业化保障措施。

第一节 建立职业院校教师职业准入制度

教师职业准入制度，是对从事教师职业的人员在资格上的规定，是国家对从事教育教学工作人员提出的最基本标准和要求。实行教师职业准入制度有利于教师整体素质水平的提高，能规范教师队伍管理，能吸收优秀人才加入教师队伍，同时也是教师专业化的必然要求。职业院校教师是教师群体的一个重要组成部分。随着教师职业准入制度的推行和中等职业教育的大力发展，建立职业院校教师职业准入制度也显得十分迫切，职业院校教师实行职业准入制度对职业院校教师专业化和班主任专业化都是一大推进。那么，如何建立职业院校教师职业准入制度呢？

一、完善地方准入制度

中国教师队伍建设的现状依然存在问题。尽管国家高度重视教师队伍建设，但是教师职业依然是"铁饭碗"的现象没有显著改变。此外，教师准入制度的门槛也存在不足。目前，我国大多数教师准入是通过一次性考试来选拔，但是考试的标准不够严格，导致一些不够优秀的教师也被录用，并且一旦录用，基本上就是终身制。因此，即使学校在日后发现某些新录用的教师存在问题，由于教师铁饭碗的现象，学校无权解聘。因此，地方政府需要根据这些问题，完善教师准入制度，提高教师的素质，以建立更加健康的教育环境。

（一）坚持逢进必考，让每个有志于从事教师职业的人机会均等

近年来，我国的人事制度改革越来越深入，在人才聘用方面也出现了逢进必考这一制度。该制度体现了公开、公平、公正的原则，得到了各类企事业单位的广泛应用。在教师招聘方面，也开始逐步实行逢进必考制度。然而，在推行这一制度的过程中，还存在一些问题，例如公开性、透明度不足等。为了解决这些问题，地方政府需要制定一套合适的考试方案，包括考试标准和考试要求等，以规范操作，确保招聘教师的公开性和透明度。同时，也要杜绝任何暗箱操作的可能性，让更多优秀、热爱教育事业、具备教师素质的人员进入教师队伍中。

（二）实行优胜劣汰，让优秀的大学生充实到教师队伍中来

为了建设优秀的教师队伍，有必要实行优胜劣汰的制度，让优秀的大学生充实到教师队伍中来。首先，应该加强对优秀大学生的选拔和培养。在招聘教师时，应该设置一系列科学、公正、公平的选拔标准和考试内容，注重考察应聘者的职业素养和教育能力，以确保选拔出的人才符合学校的需求和要求。在培养方面，应该提供有效的教育培训，在校内外推广新的教育理念和教育方法，增强教师的成长动力。

其次，应该建立多元评价机制，为优秀的大学生提供多角度、全方位的评价和奖励。在教育工作中，应该注重对教师工作质量的评价和监督，同时为表现出色的教师提供充足的晋升和奖励机会，激发他们的创新和敬业精神，增强他们的干劲和积极性。

还应该注重建设良好的工作环境，为教师提供优秀的办公硬件和软件设备，提高工作效率和工作质量。此外，应该加强教师职业群体的互联互通、交流合作，增强教师的归属感和团队精神。

总之，要实现优胜劣汰，让优秀的大学生充实到教师队伍中来，需要加强对

教师和教育工作者的关注和支持，提高他们的职业尊严和职业价值，同时营造有利于教育工作和教育事业发展的工作环境，吸引更多优秀人才加入教育行业，加强教师队伍建设，为国家和社会培养更多优秀的人才。

二、建立学校准入制度

地方政府的教师准入制度是针对当地各个学校的情况而制定的。具体到每一所学校，情况可能又有所不同，因此，每个学校需要根据自己学校的具体情况，比如学历要求、年龄要求、学科专业要求等来制定自己的教师准入制度，学校也可以有自己的录用考核制度。

根据最新数据，随着学生数量的不断增加，职业院校在引进大量教师的同时，也面临着教师资源分配不均的问题。为了避免这种现象的发生，应该制定教师准入制度，制度面前人人平等，确保教师的招聘和入职遵循公正、公平、公开的原则。这样能够有效避免弄虚作假、徇私舞弊等现象的发生，保证学校教师的素质和能力达到一定的标准。

此外，对于聘用教师，学校应该在待遇方面给予制度保障，以避免被聘用的优秀教师流失。毕竟，教职工的待遇水平是吸引和留住人才的重要因素。因此，学校应该提高聘用教师的工资待遇，完善评聘、晋升机制，确保聘用教师享有与在编教师相同的工作福利和待遇，避免出现同工不同酬的情况，使聘用教师能够感受到学校的关爱和支持，稳定教师队伍。

总之，应该注重建立公平、公正、公开的教师招聘和待遇制度，以吸引和留住更多高素质的教师，为职业院校的发展提供更多人才支持，并为教育事业的发展注入新的活力。

三、实行班主任资格认证准入制度

黄正平在《班主任专业化论纲》一书中对职业资格证书制度是这样定义的："职业资格证书制度是国家对各行各业从业人员规定的职业准入制度。它是在职业专业化过程中出现的，要求从业人员经过严格系统的教育和培训获得能胜任工作的一种特殊知识的智能，获得职业资格证书以获得从业资格的一种管理制度。"

班主任资格认证准入制度是班主任职业专业化的基本特征，也是对教师具有承担班主任工作能力的认定。它应该成为班主任获得工作岗位的首要条件，作为对班主任工作专业性认可的基本条件。资格认证准入制度不仅包括考核班主任人选的学历水平，还包括考核思想政治表现、班级管理能力、身体条件、教育教学能力、个性特征、职业道德水平等，要从方方面面考核班主任人选的综合能力。

教师经过专业培训，完成班主任必修课程的要求后，经过一定时间的实际工作后统一颁发班主任资格证书，具备该证书的教师即具备担任班主任工作的资格。在开始实行阶段，班主任资格证书的认定将主要以培训情况为主要的考核内容。对新任教师要先培训，后上岗，实施持证上岗的班主任准入制度，班主任的资格制度是班主任专业化的特征。目前，在职业院校学校中担任班主任的教师普遍存在积极性不高和专业素质不足的问题。一些学校领导和管理者在分配班主任工作时，往往只是简单地起用教师，忽略了教师自身的素质和能力，这对班级的管理和教育是非常不利的。有时一名班主任被调离之后，学校并不能及时找到适合的人选接替班主任职位，导致班主任更替频繁，给学生的成长和发展带来了不必要的影响。

因此，实行班主任准入制度很有必要。在班主任准入制度的建设方面，可以采取以下这样一些做法，比如，采取教师自己申请、学校任命的原则。在获批之后，入职之前，班主任先要参加资格培训，即进行教育引导能力、组织班集体活动的能力、班级管理能力、心理辅导能力、协调任课老师关系的能力、关注每位学生发展的能力、沟通家校关系的能力、处理突发事件应急的能力等方面的培训。培训考核合格后，颁发班主任资格证书，方可进入班主任岗位系列。班主任根据绩效的不同，在岗位上应享受不同等级的班主任职级津贴。

当然，班主任准入制度并非为班主任岗位设门槛，阻碍教师担任班主任工作，相反，班主任准入制度是为了通过建立制度、挑选符合条件的人员来担任班主任工作。这样做有利于班主任队伍更加专业化，提高班主任的工作质量和效率。

第二节 完善职业院校班主任工作激励机制

一、完善职业院校班主任工作激励机制的意义

班主任是职业院校学校班级管理工作的具体组织者，也是学生德育工作的主要责任者，但是由于班主任每天面临的工作辛苦繁杂琐碎，同时又肩负重大责任，随时都可能要及时处理各种突发事件，所承担的精神压力比一般的科任教师更重，导致许多教师不愿意担任班主任工作，安排班主任工作成为学校管理工作中很重要又很困难的一项工作。

激励在《现代汉语词典》中是"激发鼓励"的意思，是管理过程中不可缺少的因素，有效地激励可以保障组织管理顺利发展，以实现目标。在学校管理中，需要建立激励机制以激发班主任的工作积极性，鼓励他们积极投入班级日常管理中，以保障学校的常规管理工作顺利开展进行。

二、职业院校班主任工作激励机制的构成

（一）职责激励制度

班主任工作的职责是指担班主任职务的教师按照班主任工作基本任务的要求所应承担的具体责任。所以，班主任完成教育任务的过程，也是一个履行职责的过程。1988 年，原国家教育委员会下发了《小学班主任工作暂行规定》（试行），认定："班主任是班集体的组织者和指导者，是学校贯彻国家的教育方针，促进学生全面健康成长的骨干力量。他对学校教育教学计划和其它各项管理的实施，协调本班任课老师的教育工作和沟通学校与家庭、社会教育之间的联系，起着重要的作用。"

1994 年，在《中共中央关于进一步加强和改进学校德育工作的若干意见》，强调了班主任在整个教育事业的发展和中小学德育工作中的重要地位和作用。2004 年的《中共中央 国务院关于进一步加强和改进未成年人的思想道德建设的

若干意见》指出："要完善学校的班主任制度，高度重视班主任工作，选派思想素质好、业务水平高、奉献精神强的优秀教师担任班主任。"现在，教育部正在着手制定《班主任工作条例》，将进一步明确班主任的工作职责。一系列文件的发布都在强化和明确着班主任的工作职责。

根据教师职业的特点，学校应该根据自己的实际情况，在班主任管理工作中建立一套完整体系的《班主任工作管理制度》，从责任上激励班主任，创造一种争创一流的工作氛围，通过大力弘扬知识分子的无私奉献精神，强化班主任的角色意识，深化其对工作职责的认识，激励和鞭策班主任们爱岗敬业。职责制度的建立有助于强化班主任的专业化意识，通过职责激励制度的建立有利于明确班主任自身的职业定位。

（二）目标评价激励制度

在目前学校普遍实施班级授课制的情况下，每个班主任都要对自己班级的管理工作负责，因此每个班级相对独立，又因为同一所学校中存在着很多的班级，这种相对独立中又存在着竞争，竞争就能成为推动班级建设的一种积极力量。在学校总体的班主任管理工作中，应根据不同专业的学生特点，制定具体的班主任工作目标，通过目标引导，使班主任工作成为一项有计划、有目的的行为，激励班主任认真完成班级管理各项工作。通过明确工作目标，创设一种竞争氛围，促使班主任参与其中，然后根据班主任的工作目标完成情况对其进行考核，每学期进行一次。

考核内容围绕班主任的"德、能、勤、绩"进行，内容可以包括常规管理工作和工作业绩两个方面。常规管理工作的考核是指对班级日常组织管理（如班级卫生、课堂纪律、上课考勤、宿舍卫生等）、班级活动开展（如班会课、第二课堂等）、班级思想教育工作（如后进生转化）等方面工作的考核，对常规管理工作进行考核时，要以过程性量化考核为主，注意数量与质量相结合。工作业绩的考核是指班级获得荣誉情况、参加技能竞赛的学生成绩及学生和家长的满意度测评等内容。在中等职业学校，对班主任进行考核还应该鼓励班主任老师努力促进学生的专业技能学习和技能证书培训考试等内容，以学生参加技能竞赛和职业资格考证来激励班主任工作，规定学生个人参加技能竞赛获市级以上奖项，学生参加职业资格考证等方面也对班主任工作予以奖励，这样做，能体现中等职业学校班主任工作的特点，对班主任专业化起到了很好的激励作用。

对班主任工作进行考核，可以督促班主任忠于职守，尽职尽责地做好班级和学生管理工作，规范和完善班级管理。在工作目标评价中，取得好成绩的班主任得到肯定嘉奖，能够让其他的班主任产生赶超意识；取得好成绩的班主任又会为保持这种肯定和嘉奖继续努力，这就能够激发他们的潜力，在班主任专业化的大目标下，形成了争优创先的工作局面，不断提升每位班主任自身的专业素养，提高其班级管理水平。要想用目标考核的方式产生激励作用，考核过程一定要公开化，考核程序一定要体现出公平性，这样最终的结果才能保证最大限度的公正性，最终达到激励的作用，否则结果适得其反。

通过评价激励机制，可以增强班主任的竞争意识，充分调动班主任的工作积极性，最大限度开发班主任的内在潜力，能对学校的管理工作起到促进的作用，从而达到了评价的激励作用。

（三）情感激励制度

建设专业化的班主任队伍，情感激励起着不容小觑的作用。管理过程制度化固然好，但是人性化管理也是不可缺少的。学校在制定有关教师管理制度的过程中要注意吸收班主任来参加，听取他们的相关意见，充分发挥班主任在学校管理中的重要作用，以激发班主任工作的主动性和创造性；制定制度时，尽可能向班主任倾斜，给担任班主任的教师比一般教师更多的发展机会，让广大教师意识到担任班主任工作的优越性；关心班主任的个人成长发展，在对教师进行表彰奖励、从教师中选拔干部提拔重用等机会面前，优先考虑担任班主任工作的教师，以此来激励广大教师担任班主任工作。除了在工作中为班主任创设多种机会锻炼他们的能力外，还要在生活上给予班主任细致的关怀，比如及时解决班主任的居住条件，在学校的住房分配政策上给予班主任适当照顾，以充分调动班主任的工作积极性。

尊重班主任老师的建议，支持班主任个人发展，这是情感激励的一种方式，除此以外，平时多组织一些休闲娱乐活动让班主任参加，通过活动加强班主任间的交往，加强他们的相互联系，让班主任们建立起良好的组织内部关系，在良好的交往氛围中交流经验，帮助他们减轻工作压力，提高工作效率，也是一种情感激励。

"人非草木，孰能无情"，坚持以人为本的管理思想，从多方面强化情感激励因素，重视、尊重、团结、关心班主任的工作和生活，通过情感激励，着力营造一种和谐、宽松、温馨的环境，让班主任自觉地工作，愉快地工作，使班主任本人在专业发展中最大地发挥自身的主观能动性，从而增强班主任工作的积极性，促进班主任做好工作。

（四）薪酬激励制度

自《中华人民共和国教育法》颁布实施后，教师在社会上的地位和工资待遇得到了一定程度的改善，但是班主任的工作待遇问题仍然存在着付出的劳动和收入不平衡的情况。虽然国家发放的班主任津贴每月已经提高到了 200 元，但是这个数额在如今的生活成本中仍然相对微薄，不能真正地解决班主任的生活和福利问题。因此，为了改善班主任的生活、福利待遇，并激励他们更好地履行职责，学校可以自筹资金发放班主任岗位补贴，这是一种较为常见的薪酬激励手段。通过发放补贴，可以有效地调动班主任的工作积极性和热情，提高班主任的工作满意度和工作质量，同时也增强班主任队伍的凝聚力和稳定性，为学生提供更好的教育服务。

光许之高薪是不够的，应该不断完善薪酬激励制度，根据班主任做出成绩和工作效果给予合理的报酬。过于强调奉献，不管班主任的任职年限长短、工作效果优劣、工作水平高低，只用一个标准，发放待遇相同的薪酬的模式，会造成班主任工作中"干多干少、干好干坏一个样"的"大锅饭"现象，影响到班主任工作积极性的提高，不能产生积极的激励作用。专业人员不断追求专业发展的基本动力是获得稳定而丰厚的经济收入，学校的班主任工作也不例外。因此，要想提高班主任的工作积极性和专业化水平，建立合理的薪酬制度是很有必要的，它是激励班主任不断追求专业化发展与职业价值的一种激励制度，体现着一个追求专业发展的班主任的人格尊严。

近年来，广西河池市职业教育中心学校对班主任专业化进行了一些探索，将班主任的职级拟定为五个种类：见习班主任（主要指初次担任班主任工作的教

师)、初级班主任、中级班主任、高级班主任、五星级班主任。在评定班主任职级时，主要是根据班主任的学历、年龄、任职年限、所管理班级的学期考核结果、班级所获荣誉、班主任获得班级管理奖励情况、班主任的科研水平等方面来评定。以上五个职级，原则上不能越级评选，但在具体评选过程中，如果有表现特别突出的年轻班主任，管理的班级特别优秀的，可以破格参评高级和五星级班主任。在班主任聘任过程中，不同职级的班主任享受不同的劳动报酬，以职级来分配班主任津贴。从河池市职业教育中心学校的试行情况来看，实施班主任职级评聘制度，有利于激励班主任珍惜班主任工作专业化积累，有利于调动责任心强和经验丰富的教师担任班主任工作的积极性，值得继续探究和完善。因此，在班主任职级制度的基础上推行薪酬激励制度有利于激发班主任的工作积极性。

职业院校学校还可以大力加强校企合作，为企业"定单式"培养人才，那么这些"冠名班"的班主任部分津贴便可以由学校与企业协商，由企业支付，班主任可以根据企业的文化要求，对学生进行就业指导和企业文化灌输，帮助学生尽快适应企业环境。这样做可以发挥职业院校学校的优势，加强校企之间的深度合作，减轻学校负担，激发班主任教师的工作热情。

第九章　优化中职班主任专业发展生态的建议

第一节　消除限制因子，铸造以心育心的个人生态

在教育生态中，社会、家庭、学校，甚至班主任个人的因素都有可能成为限制因子。班主任是中职学校管理的中坚力量，更是中职学生思想品德提升的重要他人，在青少年的"拔节孕穗期"，中职班主任需要不断地进行专业发展，以一朵云撼动另一朵云的教育情怀，铸造以心育心的个人生态。

进入新时代，社会对中职班主任的要求也会越来越高，结合个人生态中的生态因子的重要程度对比，需要重点关注"职业认同""学习态度""教研科研"和"生涯阶段"这四个生态因子，而为实现优化中职班主任专业发展生态的目标，需要消除其中以下限制因子。

一、增强职业认同感是铸造良好个人生态的力量

（一）提高社会对中等职业教育的认可

社会分层理论认为社会群体产生差异的主要原因是占有的社会资源不同，处于核心地位的就是经济资源，其中包括财产、收入等。还有社会尊重以及工作环境等，通过增加社会对中职班主任的认可，提高中职班主任的职业认同感。

1. 不断提高中职班主任的补贴水平

公平理论认为一个人取得报酬后，既关心报酬的绝对量，又关心报酬的相对量。提高中职班主任的补贴水平，不仅要提高班主任自身的绝对补贴收入，还要提高班主任的相对补贴收入。统筹考虑当地公务员实际收入来核定绩效工资总量，落实班主任补贴收入，真正确保班主任在无私奉献自己的"被动加班"时间后，

能得到相应的奖励和补贴，用实际行动去温暖班主任的心，不要寒了"灵魂工程师"的心。

2. 不断提高中职班主任的社会地位

除了提高班主任的补贴收入，更需要引导社会尊重中职班主任的价值取向。中职教师特别是中职班主任承担着大部分被社会"遗弃"的中职学生的思想转变任务和成人成才任务，更是承担着培育新一代的重任。因此，社会大环境更应该尊重中职班主任，从国家层面加强对中等职业教育的规划，提高中职班主任的自豪感。同时，有利于在社会上营造尊师重教的舆论，让优秀的人才争相奉献于中等职业教育，培养更多优秀的大国工匠的局面。

（二）提高家长投入程度促进家校合作

家长投入是家长投入学校教育的简称，指"家长为了促进子女的学业投入、提高其学业成绩而与学校、老师、社区以及子女进行的互动"。研究表明，中职学生家长的投入水平低于高中生家长的投入水平，而且，如果以包办代替的形式投入则会导致中职学生反感抗拒，应当以自主支持的方式投入才能提高学生积极性。提高家长投入程度能有效地促进家校合作，减轻班主任的工作负担，提高职业认同感。

1. 提高班主任家庭教育知识解读能力

2015年，教育部在《关于加强家庭教育工作的指导意见》（教基一〔2015〕10号）文件中要求要注重家庭、家教、家风。2021年，习近平总书记签署主席令颁布实施《中华人民共和国家庭教育促进法》，主要是"为了发扬中华民族重视家庭教育的优良传统，引导全社会注重家庭、家教、家风，增进家庭幸福与社会和谐，培养德智体美劳全面发展的社会主义建设者和接班人，制定本法"。家庭教育的重要程度已经摆到法律的层面，是全社会应该重视的方向。对于相关的文件解读和方式方法，大部分中职学生家长都不懂得如何处理与孩子之间的相处关系。因此，班主任应该要提高家庭教育相关知识的解读能力，在家访或与家长日常联系交流时有目的地渗透相关的家庭教育理念和做法，促进家校合作。

2. 建立长久有效的家长学校培训机制

家长学校是能更有效地提升家校合作的方式，但目前一些中职学校家长学校已经成了一种面子工程。要改变这个现象，需要利用学校对家庭教育的核心内容对家长进行培训，强化家长与学生良好的相处方式。一是创新家长学校的办学理念，结合校情和地区优势，创办出富有职业教育特色的家长学校。二是加强教材设计，要根据青少年的心理规律与生理发展，结合中职学生大部分家庭教育的弊端和特点，开发与学生紧密相关的职业教育校本课程。三是强化家长的主体责任，开展相关讲座和活动，引导家长要明确自己在家庭教育中的重要地位，依据法律的规定履行自己的义务和职责，共同为职业教育人才培养贡献自己的力量。

（三）改革学校对班主任的评价制度

中等职业教育有其特殊性，不能简单地以学生联考成绩来评判班主任的带班效果，但目前大部分中职学校都存在这样的偏见，甚至与奖金挂钩，导致了班主任们明争暗斗，把气撒在学生身上等等，让职业教育的培养路线逐渐走偏。其次，还要加快落实班主任职称评审规则，让教师除了可以在学科上尽力拼搏评上职称，还能拓宽渠道，在班主任岗位上评上职称，增强班主任的职业认同感。

1. 多方向评价班主任工作成效

简单地套用中小学班主任的评价到中等职业教育中是不合适的，班主任的出色不应只是围绕学生的学业成绩和班级德育操行分，应该多方向地评价班主任的工作长效，最好的是以2010年发布的文件中要求的班主任五项职责来评价班主任——学生思想工作、班级管理工作、组织班级活动、职业指导工作、沟通协调工作。以这五项来综合评价班主任的工作成效，能够促进班主任更有方向地进行建班育人，培养更优秀的中职学生。

2. 落实班主任职称评审规则

我国目前的中小学教师职称评审规则围绕着学科来评审，但是班主任的工作强度和难度不亚于学科教学，落实班主任职称评审规则，不仅有利于提高班主任的奖金待遇，更有利于缓解目前职称评审的激烈竞争状态。教师可以选择不同的方向进行职称的申报，让班主任工作更有成就感、幸福感和获得感，更是提高班主任职业认同感的重要条件。

（四）增强中职班主任荣誉感与责任感

每所学校都有部分班主任以为不参与评职称或参加比赛培训等活动是节省更多的时间带好自己的班级，但是却忽略了，在评职称、参赛等的路上正是用不同的力量推动自己不断提升的最优方式。遇到问题抱怨和逃避并不能达到提升，反而会产生职业倦怠等问题。因此，要消除这些限制因子，增强中职班主任的荣誉感与责任感。

1. 端正自身的职业价值观

提高职业认同感，除了外界的支持，更需要班主任自身对此职业价值观念的认同。如果不认同自己的职业，看不到自身职业价值的教师，哪怕有再好的福利条件、学校条件，都不会感觉到职业所带来的幸福。相反，一些看到自己职业价值的教师，会把工作压力转化为前进的动力，把挫折当成对自己的考验。同时，清楚地认识自己的职业价值，能言传身教地对中职学生进行职业素养的培育，是以心育心的良好契机。培育好中职学生，看到学生的成长蜕变，这就能更好地感受到中职班主任的荣誉感。

2. 提升教育教学能力水平

我国中等职业教育的目标是要培养高素质的技术技能人才。为培养好新时代中职学生，班主任必须要落实立德树人的根本任务，提升自身的教育教学能力水平，成为有理想信念、有道德情操、有扎实学识、有仁爱之心的"四有"好老师。不辜负每一位到中职学校求学、成长的学生，学生人生中的三年就在班主任的手上，如何运用好发挥好自己的能力，培育德智体美劳全面发展的能工巧匠、大国工匠，是班主任必须要思考的问题，这是中职班主任的责任感所在。

二、加强学习向心力是铸造良好个人生态的动力

（一）向他人的实践学习

进入新时代以后，我国社会逐渐变得多元化，学习的途径和方式也越来越多，为学习提供了良好的机会。在向他人学习的过程中需要注意思考以下三个问题。

1. 选择合适的学习对象

我国涌现了非常多的优秀中职班主任，还有很多获得全国一等奖的中职班主

任，以及许多在名班主任工作室、名班主任培训班中闪耀发光的教师。因此，在学习对象的选择上需要挑选有视野、有毅力、有品位的中职名班主任作为自己的学习对象，让自己也成为一名对国内班主任现状了然于胸的有视野的人、对自己学习过程持续关注的有毅力的人以及对自己学习对象不断进行更新的有品位的人，站在巨人的肩膀上学习。

2. 要学会超越初级经验

名班主任分享的案例仅仅是经验的初级水平，需要学习者对其进行多次的加工。也就是说，班主任应该将在培训中、比赛中学习到的带班育人的方式方法，通过追问、解读、对话而形成自己核心的内容，而不是肤浅的崇拜和一时的感触，或把具体的操作方法记录下来等自己合适的时候运用。需要学会超越初级经验，追求思维的深度和广度，还有结合理论的高度来建构自己的核心话语权。

3. 转化、形成自己的理念

向他人学习，无非是向丰富自身的学习经验，在学习他人的经验的同时，更需要对自己原有的知识进行重新构建。向他人学习的过程中，始终要坚持把自己的发展放在首位，思考"为什么要学习""学习什么"和"如何学习"的问题，更要及时跟踪自己的发展变化过程，以及思考这样的变化发展是否对自己的成长有意义。把学到的理论和经验逐渐地消化并转化而形成自己的教育理念，这样才是有效的学习。

（二）向有用的理论知识学习

班主任要向有用的理论知识学习这是不可置否的，但是我们应该重点关注班主任该如何学习理论知识。

1. 选择自己要进入的理论生态

理论是经验的高度凝练与概括，不同的理论可能属于不同的理论部落，因此，选择自己的理论生态是在确定自己的发展生态。如，班主任是把自己工作置于管理学视野还是在政治学视野？是凸显教育学的应用还是强调心理学的应用？有的教师会以心理学的理论知识来指导自己建班育人的方式，这就是该班主任所选择要进入的理论生态，在选择好的理论生态中深耕并挖掘适合学生且方便自己操作的教育管理办法，不断进行发展。

2.确定自己理论的对话对象

选择与谁对话是支撑自己理论学习和实践操作的重要指导。有的班主任信任杜威的"做中学"，有的班主任信仰黄炎培的"实用主义"发展职业教育，这都是班主任所选择的理论对话对象，并无对错之分，只要把握好这些大教育家所倡导的理论思想和研究成果，与其保持直接的对话状态，这样能为班主任专业化发展提供更加高远的发展境界。

3. 实现理论与实践的直接对话

很多一线班主任有自己的一套管理经验，但为什么要选择这样的方式建班育人，其实很多班主任都无法回答。因此，要建立理论与实践的直接对话，敢于、善于运用理论来阐释自己的实践，并通过用自己的实践来挑战、丰富、发展和更新教育理论。理论并不是一成不变的，应该把握其中的内核，且结合新时代的发展要求，通过实践来进行更新，这样班主任能通过此方式成为专家型班主任，成为教育研究的重要力量。

（三）向自己的工作实践学习

将向他人学习的知识转化成自己的实践，并从实践中获得经验，那就是理论与实践结合的最好机会。应该以下面三个方式来进行理论到实践的转变。

1. 加强自我反思

反思能让实践更加有深度和广度，如果只知道埋头苦干而不进行反思，那么再多的学习和实践也仅仅只是重复过去的初级经验。通过自我反思，能有效地将自己的预期与结果相比较，更加精进自己的实践经验。但高质量的反思不能仅限于写教案，需要在与学生建构对话以及对自己的工作进行聚焦。

2. 加强深度对话

有深度有广度的对话能接收多方信息，创生更多的丰富的学习资源。积极地与学生、学生家长、同事进行深度的对话，当自己的学习资源被提取出来时，通过多方的交流就会促进班主任自我意识的发展，以及更新学习资源，不断地建构新的经验。同时，更要与自己进行深度对话，不断地追问自己："我这样操作能否促进学生的发展？能否持续有效地为学生提供发展的动力？"等等，着重放在学生发展的要求上思考自己本身的发展。

3. 加强探索性实践

每位班主任都不是完美的个体，都处于不断发展的状态之中。因此，需要认可、肯定自己的价值，进行积极主动的自我更新。当班主任认可自己的工作价值时，就会主动对学生的变化进行系统建构以及记录动态生成，虽然过程会充满波折，但是也代表了教师已经处于发展变化的过程中了。积极主动地进行探索性实践，能帮助班主任强化自己的学习向心力，更好地推动自己的专业发展。

三、专注训赛研是铸造良好个人生态的重要方向

（一）合理参加培训

岗前培训、岗中巩固和岗后总结提升等培训是让班主任从新手到专家型的螺旋式上升的蜕变功臣。除此以外，班主任还要参加自己所在学科的相关培训。由于班主任岗位的福利限制，所以大部分教师都专注于学科上的提升而忽略班主任专业化的提升，主要需要消除以下两个限制因子。

1. 强化科学参加培训的意识

培训的项目多且杂，如何在众多的培训中挑选最适合自己专业发展的，需要班主任树立科学参加培训的意识。如果不管怎样的培训都报名参加，那么会导致自己的时间安排不过来，把重心放在了班主任专业发展而忽略了学科专业发展，或者会导致自己浪费了休息时间而去听一场毫无意义的培训。因此，班主任尽量参加学校发布的关于国家级、省级、市级等教育部门开展的培训，其次，班主任如果在某些研究会或学会等参加培训时要注意辨别培训导师的资历，把宝贵的时间花在刀刃上。

2. 培训部门优化团队和精简内容

培训是各级各类部门极度重视的项目，但是目前存在培训团队良莠不齐，培训内容不符合新时代中等职业教育的要求等问题。因此，应该优化培训团队和精简培训内容，以学校为例，学校可以依托名班主任工作室开展"青蓝工程"新手班主任培训班，以工作室优秀成员或利用工作室经费外聘优秀导师给学校的班主任开展讲座或活动，这样能优化培训团队，让班主任更高效地获取知识。其次，通过名班主任工作室开展培训内容的设计，能做出校本课程会更好。

（二）调整比赛心态

目前全国职业院校技能大赛是职业教育领域炙手可热的大赛，为优秀的学生和教师提供出彩的机会，并以全国大赛出发衍生了各级各类的比赛。但是许多班主任却存在畏难心态或随便应付的心态，这样的限制因子需要被消除。

1. 认真对待参赛机会

在访谈中发现，部分班主任不喜欢参加各种各样的比赛，认为其浪费时间浪费精力还影响自己的课程进度，因此在学校强制安排参加比赛后，会呈现出随便应付的心态。班主任想要更好地建班育人，除了参加培训，另外一个重要的提升方式就是参加比赛。班主任应该认真对待参赛的机会，不能紧紧围绕自己的"一亩三分地"默默耕耘，更要走出班级、走出学校与不同的优秀班主任进行竞赛，拓宽自己的班级管理能力和交流心得。同时，在备赛的过程中会推动自己不断深化教育理念，强化自己的教育理想，增强教育自信心。

2. 克服比赛畏难情绪

部分班主任尽管能认真参加比赛，但是总体呈现出不够自信、畏难的情绪。特别是作为班主任，更应该成为学生的榜样，走出学校给你营造的"舒适区"，不断地超越自己，即使拿不到更好的成绩，但是个人的努力和拼搏的精气神，会不知不觉地影响学生，甚至让学生更加崇拜自己，从而更好地管理班级。同时，也能为自己日复一日平淡的生活增添一丝明亮的色彩，为自己的教育生涯增加一道亮丽的景色。

（三）创新科研成果

相比起中小学班主任的研究，中职班主任的相关研究仅占总体班主任研究的3.4%（数据源于CNKI中国知网）。因此，应该不断地创新科研内容，但是目前中职班主任群体的学历集中在本科，大部分班主任缺少科学研究的经验，应该要消除以下两个限制因子：

1. 强化科研创新的意识

大部分中职班主任缺乏科研创新的意识，或者为了评职称参加区级、市级的论文竞赛评比，其实这种评比相比起发表刊物、申报课题而言会更加简单且没有研究性与科学性，导致中职班主任的科研创新意识得不到强化，仅停留在经验总结的层面。因此，需要不断强化科研创新的意识，参考核心以上的刊物为自己的科研提供灵感并多尝试往期刊进行投稿，为班主任专业发展提供理论支撑和日常管理提供理论提炼。

2. 提升科研创新的能力

由于缺少科研创新的机会和经验，因此相当一部分班主任的科研创新能力较低。想成为专家型班主任，就必须提升自己的科研创新能力，拥有科研创新能力才能保持不断迸发研究的动力和好奇心，为班主任专业发展提供源源不断的原动力。如果班主任有较好的科研创新能力，则会用更加科学的思考方式来指导实践，为创新中职班主任的相关科研内容提供一线的实践数据和支撑。

（四）安排机会均等

相关培训、比赛等安排要做到公平公正，激发班主任的学习热情，而不是以比赛储备优秀种子为主，应该机会均等，让所有班主任都有同样的机会进行提升。

因此，要以下面两个方式来消除限制因子。

1. 公平轮流参与培训比赛

各级教育部门都有各种各样的培训与比赛，当名额分到学校的时候，学校领导应该以公平轮流的方式让班主任有均等的机会参与培训与比赛，不应该以私人恩怨为培训依据以及以比赛结果为参赛依据。让每位班主任都能感觉到，自己的努力是被学校看见的，有上升的机会，进而用心准备用心学习积极带班。

2. 以班主任队伍整体建设为重

部分学校用人的标准是以推动个人发展为主，而忽略了整体班主任队伍建设的重要性，呈现出个人参赛而其他人并不知情的情况。在班主任代表学校参赛之后，应该组织建立一支精锐部队，让其他的班主任了解到，参赛并不是为了个人荣誉，集体协作也并不是为他人做嫁衣。而是为了携手做好学校的班主任队伍建设。

四、作好职业规划是铸造良好个人生态的基础

（一）增强班主任职业生涯规划的意识

班主任专业成长必须要以班主任职业生涯规划为基础。如果教师们仅仅以

当班主任为评职称的跳板，从未对自己的班主任职业生涯进行详细认真的规划的话，那么班主任专业化的成长将会受到限制和影响，应该以下面两种方式消除限制因子：

1. 班主任以教师职业生涯周期理论为指导

教师职业生涯周期理论是由美国霍普金斯大学教授费斯勒和圣路易斯大学教授克里斯坦森提出的，结合大体量且具有研究意义的个案，分析了个人生活环境和学校组织环境对教师生涯周期的影响，进一步揭示了教师在每个不同周期阶段的专业发展，提出了相应的激励措施和支持计划，为我们了解教师专业成长提供了一个非常有用的参考架构。以这一理论为指导制定班主任职业生涯专业发展方案，让班主任的每一个职业生涯阶段都能从内到外地得到提升与成长。因此，班主任要在相关理论的指引下，及早思考自己担任班主任的生涯发展追求，及时规划好自己的生涯发展，做清醒的、智慧的中职班主任。

2. 学校增加职业阶段辅导工作

部分班主任对自己的职业生涯并没有太多的规划，因此，学校应该在班主任职业生涯的不同周期阶段增加相应的辅导工作，增强职业生涯规划意识，提高职业生涯规划，避免班主任在不同的阶段来临了却不知所措。有的班主任并不是一上岗就担任班主任，因此当他成为班主任以后会缺少职业规划，把自己放在无功无过的层级上，不再思考专业发展的事情，这样对建班育人以及学生的发展是没有太多的益处的。因此，学校要加强岗前辅导等工作，引导班主任早规划、早提高、早成长，早日成为符合新时代中职教育发展需要的班主任。

（二）注重每个职业生涯阶段的培训

1. 制订班主任职业生涯周期培训计划

部分班主任在每个周期中都会有或多或少的迷茫，对班主任制订"一人一案"职业生涯周期培训计划，不仅仅是注重规划的制定，更注重每个阶段成果的复盘，再重新梳理后制订新阶段的计划。培训计划能有效提高中职班主任对班主任工作的热情和期待，为成为热爱班主任工作的教师充当燃烧剂。

2. 做好班主任关键成长期培养工作

教师职业生涯周期理论认为"热情成长期"是班主任成长的关键期，是指担任班主任 7—18 年，年龄在 25—40 岁间。这部分班主任至少积累了两届学生的育人经验（三年为一届），会不断改进自己促使自己更加胜任班主任岗位。同时，经过本研究的数据分析，40 岁以下的班主任在四个不同维度中都呈现显著性差异，显示出他们有理想、有目标，充满工作热情，应该抓紧这个年龄段的青年班主任，培养和提升其专业能力，推动其专业发展。

第二节　调节心理耐度，塑造以和化人的家庭生态

生态环境中有其能接受程度的上限与下限，如因子不足或过多，接近或超过其耐受限度，该生物的生存就会受到影响。新时代以来的研究认为，家庭在个人成长的影响是越来越重要的，因此重视家风、家庭教育等是非常重要的。在中职班主任的家庭生态中，班主任有其自身的心理接受程度的上限与下限，也就是其心理影响的耐受程度。为优化中职班主任的专业发展家庭生态环境，应该调节好心理耐度，塑造以和化人的家庭生态，主要需要调整"支持程度""父母影响"和"经济条件"三个生态因子。

一、获取家人支持是塑造良好家庭生态的力量

（一）心理上支持

研究表明，教师会存在工作—家庭冲突。特别面对复杂的中职学生，班主任承受的工作压力所诱发的消极情绪会对他们的家庭生活产生影响，导致班主任没有时间精力照顾家庭，引发工作—家庭冲突。这样的冲突加大以后势必会影响中职班主任的职业热情，加重心理负担和工作压力，产生焦虑、抑郁等心理问题。这会进一步影响班主任的职业认同感，更谈不上专业发展。如日常的教学管理、培训比赛中遇到的纠结与委屈，如果得不到家人在心灵上的理解和支持，则会使班主任心理耐受度超过自己本身承受的期限，产生生态失衡。

1. 要处理好代际冲突

家庭成员应对班主任的心理提供支持和接纳，多一些理解和包容。比如有的

班主任邀请父母到家庭中帮忙照顾婴儿，常常会在子女的教育方式以及家庭琐事上产生代际冲突。在这样的情况下，会导致产生家庭矛盾，导致家庭支持失去其质量和利用程度。在寻求长辈支持的前期，需要与长辈交流好子女的教育方式，尽量达成一致，同时，直接与长辈说清楚自己工作忙碌以后引起的情绪请多包涵等。双方都要理解和接纳，处理好代际冲突，让班主任的生活更加和谐。

2. 缓解社会交往心理

对于有儿女压力需要缓解的班主任来说，他们会积极寻求家人的帮助，但是在中国的社会交往习惯来说，人们只会信任熟人圈子之内的人。因此，只有实在找不到可利用的熟人资源，他们才会寻求社会支持。建议班主任在社会交往中可以多一些信任，寻求一些信誉度较高的育儿机构或养老机构，合理地安置儿女或老人，能为自己的工作减轻巨大的压力。

3. 减少消极应对压力频率

在工作—家庭冲突中，班主任会寻求家人的支持，但同时也会产生愧疚的心理，觉得自己亏欠了家人而陷入无尽的不良情绪中，且不愿意主动去寻求心理咨询进行排解，这不利于班主任专业发展。因此，班主任应该减少消极应对压力的频率，尽量用积极的心态面对，假如问题解决不了一定要求助于心理医生，不要把问题寄托在日复一日的工作中，有效地为自己班主任专业发展扫除障碍。

（二）行动上支持

面对工作—家庭冲突，家人除了在心理上支持班主任，更需要在行动上支持班主任，降低工作所带来的身体压力耐受度，缓解工作中的生态失衡。

1. 主动承担家务

家庭成员应该主动分担家务，平衡家庭。但由于传统社会性别分工的影响，大部分女性班主任会成为家庭中家务的主要承担者，研究显示。3.60% 的家庭内的家务劳动由女教师承担，且每天耗时在 1—3 小时，甚至有的超过 4 小时。因此，男性家庭成员主动承担或平均分担家务劳动，能让女性班主任有更多的时间进行备课或其余专业提升，最终达到共同成长。

2. 积极引导倾诉

由于部分教师，特别是男性班主任不善言辞，或不愿意把工作上的琐碎事情带到家庭上，长期的压抑会让班主任产生抑郁等心理问题。因此，家庭成员可以积极引导其对自己倾诉，把所有的不满和委屈都发泄出来，才能容光焕发地迎接第二天的挑战。

二、化解家人情绪是塑造良好家庭生态的条件

（一）倾听班主任的日常分享

倾听儿童心声是一种教学机智。同样地，倾听班主任的心声也是一种爱的艺术。尽管家庭成员能做到倾听，但是应该如何倾听，也是需要适当的方法。

1. 倾听态度需要正确

倾听不能简单地坐在旁边或态度无所谓地接受班主任分享的一切，应该树立一种倾听者的姿态和意识，认真聆听对方的心声和观察对方的反应，让诉说者感觉到自己被尊重、被重视。因此，家庭成员的认真倾听，能很好地给予班主任恰当的支持，同时，班主任也应该适当地引导家庭成员认真倾听，共同为班主任专业成长提供适当的环境。

2. 家人适当给予反馈

倾听中，除了要认真观察对方和倾听对方的内容，更应该给予适当的反馈。或加入讨论事情的结果，或给予对方一个坚实的拥抱，这些都是有意义的反馈，能正向缓解倾诉者的心理焦虑和不安。因此，家庭成员在倾听过程中给予适当的反馈，能促进班主任压力的释放，为育人事业做出自己独特的贡献。

（二）重视班主任的工作强度

在调查中发现，大部分家庭都用过去的眼光看待当前的教师工作，认为教师只是一天两节课，其他时间都是自由安排的，特别是班主任，多培养几个班干部就能当甩手掌柜等等的思想都对班主任的工作心理造成一定的冲击。

1. 体谅工作强度

因为中职学生组成的复杂性，所以班主任的工作强度非常大。需要时刻关注学生是否打架、抽烟、早恋以及关爱部分有心理疾病的学生，下班后还需要与家长联系，且大部分家长的受教育程度较低，也会给班主任工作造成一定的压力。因此，需要体谅班主任的工作强度，同时还要正确看待新时代的教育工作，已经

不同于 20 世纪的教育工作了。教师岗位更多的是责任与义务并存的工作。

2. 理性看待工作

由于 2020 年新冠肺炎肆虐，我国很多企业都面临倒闭，产生了裁员潮，因此带编制的公务员、教师等岗位成为当前毕业生就业的大趋势。除了工作的稳定而带来的就业趋向，还有家庭长辈对教师岗位的偏见所导致的。家庭成员间应该不要把教师职位看太高也不要踩太低，教师岗位也是一份工作，班主任也有自己的生活，不能对其道德绑架，认为他们应该奉献自己的全身心，也不能看低中职班主任，应该给予其更多的敬佩与社会地位。

（三）尊重班主任的教育方式

每位班主任都有自己的教育方式，或豪放或细致，这都是个人风格的展现，但是部分班主任的家庭成员习惯对班主任工作进行或多或少的"指导"，干扰新时代班主任的成熟做法。这也是不合适的。

1. 减少经验型指导

过去的班主任更多的是以经验型的方式来管理班级，辅之以教尺、责骂等等，只能让中职学生在当时惧怕，不能让学生彻底信服。新时代以后，班主任可以借助互联网、智慧校园 APP 等方式对学生进行管理方式的更新，利用量化对班级进行精细化管理，能更好地发现学生所存在的不足。因此，不能再以过去的经验型对新时代班主任进行指导。

2. 转变教育理念

新时代以后，中等职业教育已经比过去加强了校企合作的紧密度，首先，班主任应该更多地以企业用人的标准培养学生的职业道德、职业态度等等；其次，班主任要提升科研能力，以专家型班主任为目标而进行努力。

三、获得经济支持是塑造良好家庭生态的保障

（一）家庭成员提高对班主任的资金支持

家庭成员的资金支持是给予班主任最直接最有效的支持。有效的资金支持能让班主任在生活压力的桎梏中焕发前进，提升专业进步的力量。

1.自费资助培训

社会上有很多不同种类的技能培训，管理提升的课程，班主任都可以根据自己的需要去选择相应的课程，但是普遍费用都较高，培训过后会得到一个质的飞跃。还有非全日制的学历提升认证，主动选择利用假期的时间上课，提升自己的学历，为未来更好地思考学生的教育方式提供更多的理论依据和实践能力。

2.定期心理咨询

班主任在日常管理中容易因为学生、学生家长等不可理喻的行为而导致心理问题无法排解，还有工作—家庭冲突所造成的心理问题也应该定期地到心理咨询机构进行咨询，尽快排解。同时，家庭也要给予相当的经济支持，缓解班主任的心理压力。

（二）学校要普遍调整班主任工资和补贴

2018年，《中共中央　国务院关于全面深化新时代教师队伍建设改革的意见》重申"不断提高地位待遇，真正让教师成为令人羡慕的职业"。因此，学校应当普遍调整班主任的工资和补贴，以反映班主任工作的重要性和贡献。这不仅能够激发班主任的工作积极性和责任感，提高班主任的工作满意度，还能够吸引更多优秀的人才投身班主任事业。

1.提升班主任津贴补助

随着时代的发展，班主任岗位的工作量和工作压力相比起非班主任教师来说是越来越大的，尤其是中职班主任，学生的思想品德教育、就业和升学的三重压力就落到了班主任的身上。很多教师不想当班主任的主要原因是其工作量与待遇不成正比，班主任的补贴没有体现其特殊价值，同时在教育效果的滞后性的双重作用之下，让班主任缺失工作成就感。因此，需要提升班主任津贴补助，从根本上提高班主任的工作幸福感。

2.优化校内津贴分配制度

班主任的工资收入基本是按基本工资、课时费和绩效等为主要收入来源。但由于部分教师担任中层干部，其较高的行政津贴现状成为与一线班主任产生利益冲突与博弈的主要原因。这就要求学校领导应该在面向全体教师和全体班主任征求意见的前提下，再自主合理地分配行政津贴，平衡好内部收入，让每位班主任的工作都能得到重视以及获取相应的报酬，充分调动各部门的积极性。

（三）政府提高班主任整体外部收入水平

在外部比较中，教育部门，尤其是教师的收入整体偏低，其他知识密集型行业的工资与上升机会更加广阔，除此以外，收入水平中还存在着各学校的城乡差异与校际差异。

1.建立公平的教育资源分配制度

班主任收入的城乡差距与校际差距的根本原因是优秀教育资源和教育收入分配基本集中在城镇教师或名校教师占有上，这就导致了城乡差距和校际差距的产生。因此，需要建立公平的教育资源分配制度来促进教育城乡与校际的发展生态平衡。一方面，给予农村或弱势中职学校的投入力度逐步加大，尽量缩小城乡差距与校际差距。另一方面，创新城乡或校际之间班主任合理流动机制。积极统筹城乡、校际之间的班主任互通政策，优化师资配置，促进教育资源分配均衡。

2.强化统筹责任调整工资结构

在改革的过程中，首先需要强化好政府部门的统筹责任，重点调整工资结构，使班主任教师的收入工资化，也就是把给予班主任的补贴等变现为工资收入，让班主任自主支配该部分所得。其次，相关的工资收入还要及时根据市场情况、绩效等的变化而进行调整，合理平衡以及量化班主任的工作价值。更重要的是，在考虑学历、教龄与职称的基础上，更需要考虑的是班主任的工作量，制定相关班主任工作量考核表，既能为评价班主任工作制定依据，也能为班主任提供奖励依据，让班主任的贡献作为补贴发放的标准，鼓励转变过去以资历为主的风向标。

第三节　调整好生态位，打造以文化人的学校生态

在自然界中，弱肉强食的自然定律在我们看来是十分激烈与残忍的，但是经过调查发现，尽管生物之间在资源争夺方面呈现出争夺的现象，但是一些相对弱小且生命周期较短的物种却能与体格强大且生命周期长的物种共存，这就是"生态位法则"在其中起到了重要的作用。

因此，在班主任专业发展生态系统中，学校生态无论是在校校之间还是班主任个体之间都是联系紧密、相互制约的关系，彼此都有属于自己的位置，在群落中发挥着独特的功能，有着属于自己的生态位。如果群体之间的活动范围没有产生重叠，那么他们就不会呈现出竞争的关系，而更多的是一种共存的关系，反之亦然。因此，可以通过生态位的调整，如错位、分离、优化和协同进化的方式避免恶性竞争、实现共存。在学校生态中，可以分为条件生态、人际生态、制度生态和文化生态四部分，调整好以下生态位，打造以文化人的学校生态。

一、改善工作条件是打造良好学校生态的保证

根据数据显示和文章分析，学校条件生态中应以"工资福利""教学条件"和"专业组织"为重要调整的生态因子，以此调整学校条件生态位。

（一）工资福利是班主任专业发展的动力保证

工资福利是提升职业幸福感的强大武器，也是生态系统中资源争夺的最主要的原因。因此，需要合理安排好工资福利，调整生态位，让学校生态和谐融洽。

1. 多为班主任争取工资福利

中职班主任工作的强度相对较大，但普遍的补贴福利都比中小学班主任少，这会加深社会对中职班主任的歧视或漠视，让班主任感觉到没钱且社会上不认可自己，产生职业倦怠。学校领导应该尽力为班主任争取工资福利，带领班主任申请项目经费，为改善班主任的专业发展环境创造机会。

2. 以政府企业社会联合为主

除了政府部门的工资福利，中职学校可以利用校企合作的便利，为班主任创造到企业进修的机会，或到社会社区等地方进行学习进修，拓宽专业发展的宽度和广度，这同样也是一种给予到班主任专业发展的福利。

（二）教学条件是班主任专业发展的硬件要求

教学条件主要是指学校是否有相应的多媒体室、实验室、实训室、大师工坊等等，有良好的教学条件，能让班主任充分地运用学校现存的教学条件开拓更加丰富多彩的班级活动，满足学生多面的成长需要。但目前部分学校仍比较欠缺，导致生态位宽度过窄。

1. 增强学校可持续性发展意识

学校应该拥有可持续性发展的意识。在公办学校中，资源常常是有限的，这需要学校主动去竞争。同时，在竞争中需要结合自身的优势，组合形成新的竞争优势。在竞争的过程中，会形成学校的可持续性发展的意识，不断地推动学校的发展，相关的教学条件也就上来了。同时，制定相关的硬件长期使用规划，把硬件使用落到实处。

2. 争取更多财政拨款

在资源有限的情况下，学校应该主动地创造性地开展工作，发挥自身优势，争取获得更多的政府财政拨款，为学校添置硬件装置。特别是在新时代国家重视职业教育发展的情况下，应该更多地以职业教育的优势申请相关的财政拨款，为学校的教师、学生的发展增添更多的前沿技术配置，为班主任开展相应的配套班级互动和班会课提供良好的设备条件。

3. 提升学校的整体发展水平

中职学校整体发展的水平大部分会落后同阶段的中学，所获得的社会关注、资金支持、教师素质等都会落后较大，因此会产生学生发展程度跟不上设备的先进程度，也就是生态错位的问题。因此，应该提升学校的整体发展水平，从学校大生态环境中调整好生态宽度过窄的问题，为班主任专业发展提升宽广的平台和良好的环境。

（三）专业组织是班主任专业发展的组织保障

专业组织主要是指校级、区级、市级、省级等的名班主任工作室。根据调查数据显示，专业组织并不是当前中职班主任在乎的问题，这表明专业组织并没有发挥出应该有的力量，应该用以下方式优化生态位。

1. 重视名班主任工作室建设

名班主任工作室是促进班主任专业发展的有效载体，学校要高度重视，在人力、财力、物力等方面给予大力支持，提供宽敞的办公场所，安排有影响力的主持人，选拔优秀的工作成员，带领广大班主任提高专业能力，履行班主任五大职责，提高建班带班水平。学校应该重视名班主任工作室建设，在名班主任工作室的带领下，为学校的班主任队伍建设提供专业的指导和专业的培训，成为一支强有力的引领组织。

2. 丰富名班主任工作室的功能

中职班主任普遍缺乏精神世界的完满，这是影响其专业发展的重要因素。具备积极正向的情感以及完满的精神世界，才有可能给予学生以积极正面的情感影响，才能把德育工作做得更好。因此，工作室既要注重班主任专业技能的提升，还要包含班主任精神生命的成长和精神世界的完满，避免功能单一而显得枯燥无味。

3. 提高名班主任工作室成员的积极性

中职班主任在初始加入工作室时普遍踌躇满志，为了提高自身的管理能力、交流管理方法以求达到专业发展的提高等等。但经过时间的推移或任务的难度强度增加，部分成员会丧失参与工作室活动的积极性，最后导致学员在网上胡乱抄袭，把作业随便一交，这就发挥不出工作室的引领作用和平台优势。因此，需要通过多种鼓励方式提高班主任工作室成员的积极性。

二、协调人际关系是打造良好学校生态的基石

关于学校人际环境的重点生态因子应该是"领导风格"和"教管关系"，以调整好生态位，打造以文化人的学校生态。

（一）领导风格是推动班主任专业发展的人际条件

领导风格主要是指对班主任专业发展的重视，但目前会呈现出领导不够一视

同仁，只重视有潜力的班主任，导致挫伤了中职班主任的积极性。

1. 提高领导自身的管理素养

校长等领导的素养决定着该中职学校的管理水平和办校质量。校长等领导应该提升其管理素养。其中包括理解和掌握方针、政策水平、强烈的事业心和责任感等政治素养。除此以外，还应包括各种素质的综合体现，主要体现在计划决策能力、组织协调能力、高超的激励能力、灵活的应变能力和改革创新的能力等。管理素养高的领导能以自身的个人魅力带领学校走向更好的未来。

2. 形成民主参与型的领导风格

研究表明，工作满意度和工作质量最高的群体是由民主型领导者所领导出来的，其群体的内心是真诚信服领导、忠于领导，且对工作是真心热爱的。因此，要倡导民主参与式的领导风格。在此引导下，学校的整体氛围和生态会得到优化，减少更多的恶性竞争，更多的是教师之间的合作共生的关系，形成良好的校园氛围。同时，提升班主任的工作满意度能使得班主任的职业认同感得到提升，百利而无一害。

（二）教管关系是和谐班主任专业发展的工作条件

教管关系是指教学与管理之间安排的合理程度。班主任除了管理班级还需要进行学科教学，处理好教管关系能很好地对班主任专业发展提供帮助。

1. 合理安排周课时量

大部分班主任都存在超课时量的问题，这不仅会在时间上削弱班主任专业发展的力量，还会在精神上减弱班主任专业发展的动力。因此，学校应该合理安排周课时量，分离生态位带来的不合理竞争，给予班主任更多的时间和精力进行专业发展，这是给班主任释放压力的同时，还能有效地促进班主任认真向上的动力。

2. 科学管理学生事务

班主任事务事无巨细，繁多且杂乱。为了学生更好地发展且为了班主任有更多的时间进行自我提升，避免成为"保姆型班主任"，可以采用班级精细化管理的方式对班级事务进行科学规划。这样既能让中职学生更好地接受，同时也能更好地实现教育目标。

三、完善规章制度是打造良好学校生态的保障

在学校制度环境维度中应该更加关注"晋升机会"和"评价机制"两个生态因子，并调整生态位为中职班主任专业发展提供更多的支持。

（一）晋升机会是班主任专业发展的内在动力

晋升机会是大部分班主任都想要争取的机会，是证明自己能力的一个方式，也是提升工资收入，评职称的方式。但需要通过以下两个方式优化生态位，增加生态位宽度，缓解生态失衡的问题。

1. 增加晋升位置

教育体制内可以从数量上进行改进，如增加班主任晋升的位置。班主任除了从岗位上晋升，也可以从资金奖励中体现晋升带来的激励作用。特别是领导层，应该关心班主任的职业规划，如果有想要晋升的班主任，应该给予更多的关注和帮助。即使在本校没有晋升机会，也可以推荐到兄弟学校中，为其发展助一臂之力。

2. 拓宽上升渠道

缓解晋升机会带来的压力可以从发展空间上来考虑，如拓宽上升渠道。例如学校除了让班主任在德育线上有所发挥，还可以推动班主任参与教学线、后勤线，甚至结合校企合作的机会，为班主任拓宽在企业发展的路线。给予班主任多样发展的机会，减少"内卷"带来的专业发展生态失衡的问题。多接触其他行业的发展要领，让班主任通过全方位的学习，从一般变得优秀，从"新手型班主任"变成"专家型班主任"。

（二）评价机制是班主任专业发展的机制保障

评价机制是衡量班主任工作的重要指导依据，有了合理的评价机制才能有效地推动班主任更加专业化，学生发展更加出色。应该用以下的方式改进班主任的评价机制。

1. 激励手段更精细

人类需要物质奖励更需要精神奖励，激励的内容可以包括住宿条件、工作环境、薪酬、奖金、荣誉等奖励。精细化激励手段一是革新薪酬激励制度，提高班主任的幸福感；二是完善表彰制度，注重精神激励；三是强化沟通机制，实施团

队激励；四是提升激励保障，构建环境激励等方式，多管齐下，激励班主任专业发展往更高处走。

2. 评价机制更全面

根据目前中职班主任的评价情况来看，应该优化绩效考评模式，完善公平评价。美国哈佛大学心理学家威廉·詹姆士在对员工激励的研究中发现，"在企业中，收到企业充分激励的个体员工的工作效能是没有受到企业充分激励的个体员工的工作效能的3—4倍"。因此，全面充分的激励评价会更加有效。包括考评标准有针对性、考评过程要公平化、考评方式要多样化以及考评反馈要及时等流程来进行评价。

四、营造文化氛围是打造良好学校生态的环境

在学校文化环境维度中应该重点关注"组织氛围"和"教风校风"两个生态因子，从而调整学校的文化生态位，以达到生态和谐。

（一）组织氛围是班主任专业发展的心灵调剂

融洽上进的组织氛围能让团队更加有黏性，使各部门成为一个教育共同体。为调整良好的组织氛围特提出以下两个建议。

1. 构建有序组织

如果学校领导对班主任队伍建设漠不关心，则会导致班主任团队的向心力遭到侵害，形成组织无序的后果，表面上其乐融融，但背后却是班主任之间的各种"躺平""内卷""恶性竞争"等行为的出现。管理沟通能有效激活组织的强大力量，能让组织在系统与联系观点的作用下，自上而下、由内而外地结合起来，从而有效地保证组织更加有序地运行，提高组织整体效率。因此要构架有序的组织，需要加强管理沟通，使得学校班主任团队或组织能在有效的领导下，成为学校德育队伍的推动力量。

2. 提升团队动力

部分中职学校的班主任会存在"站队"等派别之争，把组织发展成四分五裂的状态，这样更加容易造成生态位错位的现象，让班主任在盲目内斗之下而无心进行专业发展。应该以团队荣誉感、团队活动等方式出发提升团队的动力，让班

主任团队成为德育共同体，共同为学生的德育提升，落实"立德树人"根本任务贡献力量。

（二）教风校风是班主任专业发展的精神力量

教风校风是指学校的教学风气和学校风气。根据调查，部分中职学校的教学风气不好主要在以专业课教师担任班主任的问题为主，而学校风气不够好是缺乏对学校和区域的历史文化进行挖掘的问题。

1. 合理安排专业课教师担任班主任

由于中职学校的特殊性，跟中小学以语文、政治教师担任班主任不同的是，大部分以专业课教师担任班主任为主，而专业课教师大部分都是理工科教师，担任班主任则相比起文化科教师，会存在德育理论学习不充分、学历"水分较大"以及性格比较不拘小节等问题。因此，要减少专业课教师担任班主任的安排，尽量安排语文、政治、历史、数学、英语等人文社科专业出身的教师担任班主任。同时，还要结合定期的培训提高，为培养专业的班主任提供发展的机会。

2. 增加学校和区域历史文化的挖掘

挖掘学校或所在区域的历史文化能从文化氛围上陶冶学生和教师的性情，每所学校都有自己特定的历史文化，即使没有，也可以进行认真的实地考察并挖掘。同时，还要拒绝千篇一律的校规校训，打造富有自己学校特色的德育目标，形成自己学校的品牌，为推广学校的育人规划提供一定的文化理念。

第四节　减弱"花盆效应"，营造以善化人的社会生态

"花盆效应"是指人造的半自然的生态系统，在花盆里，由于生物过于受到保护，当面临风吹雨打的时候，生物就会面临灭顶之灾。跳出人为营造的舒适区，不拘泥于小小的花盆中，才能探索更加广阔的世界。因此，在中职学校班主任专业发展生态系统中，要主动地跳出教师体制中所带来的安逸感，在工资稳定的情况之下，选择不断地挑战自己，太过安逸的环境，开不出无与伦比的花。在"花盆效应"的指导下，应该走出学校，面向社会，以"公众看法"和"教育政策"两个生态因子作为自己的生态力量，踏住跳板，离开花盆，成就自己。

一、公众普遍认可是营造良好社会生态的强大动力

公众的不良看法对中职班主任造成了社会地位较低的影响，由此造成了班主任对自己主观社会地位也呈现了较低的评价。中职教师社会地位普遍低于普通教师，这已经成为一个不争的事实。为了提高中职班主任的社会地位，改善公众看法，主要有以下建议。

（一）提升班主任整体学历

根据调研数据来看，大部分中职班主任都是本科学历，其中专业课教师担任班主任占比较大，由于中职学校比较重视比赛，会聘请曾经在国家级技能大赛和省级技能大赛获得荣誉的学生留校任教。此外，还有的班主任是过去中专师范毕业的教师，后来经过函授等方式获得学历或学俭。因此，可以看出班主任的学历还需要进一步提升。

1. 在职提升学历

学历不仅能给教师提升知识理解的能力，也能给教师树立更多的教育信心和动力。因此，学校应该提供机会让班主任在职提升学历，学习更多的管理学知识与育人理念，更好地发挥自己的能力。在教师进修学历期间，学校尽量为其创造一定的环境，如减少行政工作的安排等等。

2. 提高招聘门槛

尽管学校需要有亮眼成绩的教师担任比赛教练，但是在选择班主任岗位的时候需要注意尽量让学历程度高的教师担任。不同受教育经历的教师在管理学生的方式上会有比较大的区别，且学习能力会更强、思维境界会更高。这类班主任会主动跳出学校营造的"花盆"，迎向自己更加出色的人生。

（二）提升个人认知的宽度

班主任的个人认知宽度和广度很大程度影响着个人能力的提升程度。提升个人认知的宽度能有效地让班主任更加自信，育人更容易出成绩，从而改变公众的看法。

1. 提供发展平台

要为班主任提升个人认知的行为提供发展的平台，如组织定期的教学交流，促进班主任对自身教育的反思；推荐有关网络教学的案例、网站、杂志和书籍等，帮助班主任了解互联网班级管理教育动态、理论与经验，从多角度了解和审视互联网＋班级管理方式。

2. 创立发展条件

要为班主任提升个人能力创立条件，如建立学生德育管理组织，专门研究班主任德育管理问题。更好的就是成立校级的名班主任工作室，为班主任的专业发展和情感升华提供更多的机会和条件。利用名班主任工作室开展"青蓝工程"等周期培训班，每周请来名师名家主讲班主任实战的基础，为班主任答疑解惑，提升个人认知的宽度。

（三）努力成就专业发展

传统看法中认为"劳力者治于人"，看不起手艺人，也就是社会上对职业教育的认同处于边缘地位。在高考指挥棒的作用下，中职学校变成中考失利者的收容所，久而久之，中职教育的社会地位下降，连带着教师也同样受到不平等的待遇和轻视。班主任在社会给予的花盆中逐渐适应并不做反抗，导致社会期待过低。

1. 认真履行班主任五大职责

2009 年颁布的《关于加强和改进中等职业学校学生思想道德教育的意见》中要求班主任要做好学生思想工作、班级管理工作、组织班级活动、职业指导工作、沟通协调工作。把这五项工作做好，贯彻落实立德树人的目标，做好中职学生培养工作，力求多方面提升中等职业教育的影响力，培养更多优秀的能工巧匠、大国工匠。

2.积极参加班主任能力比赛

2020年9月，教育部办公厅正式公布《2020年全国职业院校技能比赛中等职业学校班主任能力比赛方案》，是教育部主办的历史上第一个以中职班主任能力比赛为主题的比赛，并且目前高中、初中、小学在内的中小学都没有举办过类似的比赛。它是推进和引领中等职业学校班主任工作科学化、专业化的重要制度安排，班主任可以在比赛中强化思政教育能力，提升活动组织能力，优化规划管理能力。

二、出台相关政策是营造良好社会生态的制度保障

教育政策是解决或改革当前教育现状的有效方式，同时也能提高社会对该部分群体的关注度，得到社会各界的重视。但目前关于中职班主任的相关教育文件还停留在2010年发布的《关于加强中等职业学校班主任工作的意见》，因此，应该尽快以新时代的变化特点为基调，更新相关的政策文件，优化中等职业教育的社会生态环境。

（一）价值引领提高教育期望

营造"以善化人"的社会生态最重要的是提高中职班主任的教育期望，从而提高教师满意度，达到社会生态平衡的基本。主要有以下三个建议。

1.强化班主任自我价值意识

公众期望是一种对教师价值的普遍认识，也是一种对教师工作产生期待的预期，因此，全社会应该要先形成一种意识，就是职业教育与普通教育的地位是同样重要的意识，给予职业教育更多的包容与扶持，改变传统看法。为此，相关部门要落实《国家职业教育改革实施方案》以及《关于全面深化新时代教师队伍建设改革的意见》等政策文件，推动教师发展。结合政策文件的颁布和社会期望的改观，中职班主任更应该坚定"人人皆可成才"的观念引领中职学生发挥个人长处与优势，成为一名德技并修、工学结合的新时代人才，为自己的班主任岗位实

现自我价值释放更多的力量。

2. 倡导尊师重教的价值取向

尊师重教是中华民族的优秀传统文化，但职业教育教师在社会上存在偏见，导致受尊重的程度不高，因此，应该倡导尊师重教的价值导向。因此，多利用社会媒体，开展优秀中职班主任的评选；多举办相应的比赛，提高中职班主任的知名度，为形成尊师重教的价值取向营造氛围。

3. 稳步提高班主任社会地位

我国在新时代以来发布了许多关于推动职业教育发展的政策文件，在今后的日子里，应该继续稳步提高中职班主任的社会地位，落实好一系列的措施，提高经济待遇，更重要的是提高中职班主任的获得感、成就感和幸福感。

（二）完善保障体系推动发展

完善好政策保障体系是推动中等职业教育发展的重要保障，也是中职班主任职业幸福感提升的重要动力。需要从以下三个方面进行着力。

1. 完善目前教师职称评审制度

尽管目前没有专门以班主任为接入口对教师职称进行评比，但也应该完善好目前教师职称的评审制度。由于中等职业教育常常被看成普通中等教育的延伸，因此职业学校教师的相关评审制度与普通中小学的相关评审制度是相差无几的，甚至有的还是共用一套评价体系。这其实会出现一个问题，也就是忽视了中等职业教育作为职业教育的特殊地位以及其面对场景的特殊性，造成职业教育教师的职称晋升遇到阻碍。因此，要完善好评审制度，将体现技能水平和专业教学能力的双师素质也纳入教师职称考评标准中，为教师评职称创造公平的竞争环境。

2. 关注班主任个体的专业发展

政府应该更多地关注到班主任个人的专业发展，为这部分教师提供相应的配套的学习机会，且出台相应的保护政策。在提供相关学习机会的同时，要吸引更多的企业行业优秀代表参与到培训讲授当中，或参与到相关培训师资的培训标准和培训内容的设计等等，为班主任提供不同角度的提升机会，多关注班主任个体的专业发展，为其职业提升做好铺垫。

3. 关注中青年班主任群体发展

研究表明，40岁以下中青年教师是当今中职班主任群体中最有理想，最有魄力的一群人。关注他们的专业发展，能快速地给学校带来高质量的提升和发展。如政府部门提供专项资金让优秀的中青年班主任参加国内外高质量的研修；建设相应的高技能人才吸引政策，并奖励成绩突出的技术能手，如获得过全国班主任技能大赛一等奖的班主任等等；以班主任职称或获奖成果为梯度奖励，提升安家费用或生活津贴。增强中职班主任对中等职业教育事业的幸福感和归属感。

三、提供安全环境是营造良好社会生态的基础保证

社会提供安全、有保障的环境能让中职班主任专业发展生态得到支持和保证，有利于班主任在能力提升的道路上得到相关政策的关心，更加有获得感。

（一）加强组织领导

良好的组织领导能有效地从上至下引导教育事业往更规范、更光明、更让人信服的道路上走去，需要各级部门联合起来统一规划商讨好政策的制定与实施并且加快将工作纳入督导评价体系中。

1. 各级部门联合统一规划

各级党委和政府要把推动现代职业教育高质量发展摆在更加突出的位置，首先要认真落实对中等职业教育工作的统筹规划，综合协调，在宏观的视角中履行管理的职责。特别是中职班主任个人和集体的专业发展，以及引导各中职学校做好班主任队伍建设的工作，加快构建并稳固班主任队伍发展的任务，让中职班主任发展能有章可循、有据可考。

2. 加快工作纳入督导评价

各级政府的工作效果需要通过科学合理的评价才能体现，因此要加快将工作纳入督导评价体系，更需要将职业教育工作纳入地方经济社会发展中进行考核。考核的人员包括负责职业教育工作的政府管理人员、职业学校的主要负责人以及高素质的职业教育干部队伍；考核的内容包括党建工作、岗位设置、用人计划、教师招聘、职称评聘等内容。落实评价体系的构建，有效地提高职业教育高质量发展的工作，为班主任专业发展提供可持续的保障环境。

（二）强化制度保障

中职班主任专业发展不能缺少政府的制度保障，有了制度保障以后，能让班主任更加有动力和安全感，专心致志地进行专业发展，同时，强化制度保障也是本生态系统可持续发展的保障。

1. 修订相关地方性法规

职业教育的发展与国家发展政策有很大的相关性，但也需要地方结合当地的实际，在国家发展政策推动的框架下，为中等职业发展制定相关的地方性法规。如可以设立区级、市级班主任晋升奖励渠道，多点集中地对本地区中职班主任专业发展提供相应的激励措施和保障措施。

2. 多渠道筹集职教经费

教育的经费投入以政府投入为主，但就目前调研的情况展示，地方政府把经费都倾向基础教育或普通高中教育，职业教育通常排在最后一位。因此，在政府经费有限的情况之下，需要建立以政府投入为主、多渠道筹集中等职业教育经费为辅的体制。优化中等职业教育的投入与支出的结构。引导社会企业投入职业教育，为社会培养更多优质优秀的人才。

（三）优化发展环境

中职班主任的发展环境应该是清新和明朗的，具体表现为政府扶持、群众支持、企业认同等情况，因此需要以正面宣传一线中职班主任的典型事迹和落实好高层次人才计划等方式优化中职班主任的发展环境。

1. 正面宣传典型事迹

利用学习强国、微信公众平台等媒体挖掘和宣传一线中职班主任成长成才的典型事迹，弘扬劳动光荣、技能宝贵、创造伟大的时代风尚。为提升中等职业教育的师资素质知名度做出贡献，同时也为了吸引更多的优秀教师加入中等职业教育队伍作好铺垫，有利于优化中等职业教育班主任队伍，强化师资力量，培养更多优秀的中职学生。

2. 落实高层次人才计划

近年来，职业教育领域中涌现了许多做出了突出贡献的技术技能人才，应该按照国家和地方的政策对其进行正面表彰和奖励，并且应该出台地方的高层次人才引进和奖励计划，为符合条件的高层次人才提供奖励的机会，同时增加助其升迁遴选的激励机制，提高这类班主任的社会地位。

参考文献

[1] 宋晓丹. 城乡接合部小学班主任专业化发展研究 [D]. 天津大学，2020.

[2] 郑志飞. 对职业学校班主任专业化成长的几点思考 [J]. 劳动保障世界，2019（29）.

[3] 石胜霞. 中等职业学校班主任专业化发展的实践研究 [J]. 科技资讯，2019，17（19）.

[4] 张艳. 中等职业学校班主任专业化的探索与研究 [J]. 才智，2017（22）.

[5] 巢国强. 职业院校班主任专业能力发展现状及对策 [J]. 才智，2017（8）.

[6] 毛婵. 中等职业学校班主任工作专业化的实践研究 [D]. 湖南师范大学，2016.

[7] 刘敏. 浅析中等职业学校班主任专业化发展 [J]. 学理论，2015（9）.

[8] 黄晓静. 中等职业学校班主任专业化研究 [D]. 上海师范大学，2014.

[9] 奉永文. 中等职业学校班主任专业化现状、问题与对策研究 [D]. 湖南师范大学，2013.

[10] 沈龙辉. 中职学校班主任的专业化发展研究——以新余市中职学校为例 [D]. 湖南师范大学，2013.

[11] 孙丕珍. 中等职业学校班主任专业化发展研究——以青岛市某中等职业学校为例 [D]. 山东师范大学，2013.

[12] 陈静. 职业学校班主任专业化发展的路径探究 [J]. 科教导刊（上旬刊），2011（21）.

[13] 李刚毅. 技工学校班主任专业化刍议 [J]. 科技信息，2010（36）.

[14] 傅玉峰. 职业学校班主任专业化发展的思考 [J]. 职教通讯，2010（12）.

[15] 魏群 . 中学班主任专业化：专业素养及实施路径 [D]. 苏州大学，2010.

[16] 赵海彬 . 初中班主任专业化发展现状及对策研究——以德州市为例 [D]. 山东师范大学，2009.

[17] 赵静 . 中等职业学校班主任专业化的探索与研究 [D]. 河北师范大学，2008.

[18] 程倩 . 教师职业发展的迫切需要：班主任专业化 [J]. 现代教育科学，2007（12）.

[19] 卞红 . 论中学班主任专业化 [D]. 南京师范大学，2004.